JN178228

ブロックチェーン

相互不信が実現する新しいセキュリティ

岡嶋裕史　著

ブルーバックス

カバー装幀／芦澤泰偉・児崎雅淑
カバーイラスト／中山尚子
目次・扉デザイン／ネクストドアデザイン
本文図版／ネクストドアデザイン

まえがき

この本は、ブロックチェーンについて知ることを目的にしている。

「知る」の内容はいろいろだ。まず、お読みいただく対象は、入門者の方を想定している。「ブロックチェーンって何だっけ?」の知識水準でまったく構わない。読み終わったときの到達目標は、ブロックチェーンに関する学校の課題、会社の業務を振られたときに、取りあえずちゃんと受け答えができることだ。利点にしろ欠点にしろ将来の展望にしろ、求められれば数枚の小論文が書け、「取りあえずブロックチェーンで何か業務をやれ」と上司に無茶振《ぶ》りされたときに、簡単な仕様書が書けたり、「それはブロックチェーンに向いていません」と断ることができたりする、そんなレベルである。

未《いま》だ世間的には、〈ビットコイン=ブロックチェーン=暗号資産〉という認識が色濃く残っている。だが、ブロックチェーンは暗号資産、ましてビットコインに限った技術ではない。暗号資産とブロックチェーンの関係を、きちんと把握しておくことはとても重要だ。ブロックチェーンの暗号資産以外の用途への応用はすでに社会のさまざまな箇所で進められている。どうしてブロックチェーンがいいのか、既存のしくみとどう違うのかを理解していこう。

一方で、「ほんとうにこの分野にブロックチェーンを適用して、何かいいことがあるのか？」と首をかしげざるを得ない業務やシステムに、ブロックチェーンを使うような事例も登場しはじめている。暗号資産やビットコイン、ブロックチェーンは、これまでにハイプ（熱狂的な期待感。新規技術が現れ、影響力を増すと必ず直面する現象。おおむね、その後に幻滅期が訪れる）を経験してきたので、その残滓《ざんし》が「ブロックチェーンはどんな問題解決にも効果を発揮する！」と期待させるのだろう。

これまで、星の数ほどの技術が万能であるかのごとく喧伝《けんでん》されてきたが、我々が実際に万能の技術など目にすることはなかった。それにもかかわらず、新しい技術には過剰な期待が寄せられる。もちろんその主な原因は、提供する側が自社の企業価値を高く錯覚させるために過剰な期待をあおったことであろう。

だが、利用する私たちも、ブロックチェーンの特性を評価して、適用すべき箇所へ適用できるような能力を持つ必要があることは疑いがない。ブロックチェーンが何に向いていて、何には向いていないのか、理解を深めることは重要である。

本書は6章構成になっている。まず第1章でブロックチェーンの歴史を頭に入れてから、技術のコア部分を理解する。ブロックチェーンをブロックチェーンたらしめているのは、互いを信頼しない利用者同士が大規模に協力し合う構造と、ハッシュの利用のしかただ。第2章と第3章を使って、ハッシュを説明していく。構造についてはそのあと、第4章で説明したほうが頭に入りやすいと考え、そのような順序にした。

第5章では、良い面ばかりが強調されるブロックチェーンの、課題の部分に光を当てる。メリットばかりの技術はあり得ない。万能を喧伝される技術は危うい。ブロックチェーンの導入・運用で気をつけなければならない点はどこか、ブロックチェーンを適用すべきではない分野は何かを考察する。同時にこの章ではブロックチェーンを金融以外の分野に使った事例を取り上げる。財務省の議事録がブロックチェーンで構築されていたら、ひょっとしたら改ざん事件の様相は変わっていたかもしれない。

最後に置いた終章では、ブロックチェーンの可能性と限界を見きわめていこう。

ーブロックチェーン　目次ー

第3章　さまざまな事象への「ハッシュ」の応用

長さの決まったデータ／「改ざん検知に使える」理由／暗号は「もとに戻せる」／一方向性関数／パスワードをPCに保存しても大丈夫な方法／パスワードを送信しなくてもいい／ありがちパスワードが危険な理由／家庭用PCでも解読できる／圧縮アルゴリズムのしくみ／なぜ「jpeg」は軽量なのか／ハッシュと圧縮の違い／シノニムという弱点

既存技術の延長線上での理解／ファイルの破損・改ざんを検出する／巨大なデータでもちゃんとハッシュ値が出る／メールの破損・改ざんを検出する／暗号化で改ざんは防げない／暗号解読には数十億年かかるはずだが…／ハッシュ値とメッセージを別々に送ってみる／メッセージだけを改ざんされたら／ハッシュ値だけを改ざんされたら／みんな改ざんする「中間者攻撃」／共通鍵での対策／3つの不正手段／なぜハンコが絶滅しないのか／共通鍵暗号の欠点／共通鍵は使い回しもメール送信もできない／公開鍵暗号というコペルニクス的転回／

不正の意味がなくなる構造／誰でも計算できる「ルートハッシュ」／正解のナンスを探す／
何度も意味のない計算をするから「マイニング」／同時に偽物が出現したらどうするか／
伸びない連鎖は無効になる／暗号資産で不正に儲ける方法／
ビザンチン将軍たちも合意できる／マイニングの報酬を確認してみたら…／
先頭のブロックは50万回検証された

第5章 ブロックチェーンが抱える課題と他分野への転用

本当に万能技術なのか／システムの可用性を高めるしくみ／
稼働率9割の製品をどう生かすか／「冗長性」を確保する／99.99…%はすでに実現可能／
無意味な計算で莫大な電力を浪費／無意味な作業を意味あるものに／
すべてのシステムに導入されることはない／プルーフオブステーク型暗号資産／
動き出したら止まらない／「フォーク」への対応／システム更新が難しい理由／
ルール変更のリスクが膨らんでしまう／抜本的な対策は面倒だ／
中央集権型ブロックチェーン／「お店でビットコインで買い物」が現実的でない理由／

第1章

なぜ社会現象になったのか

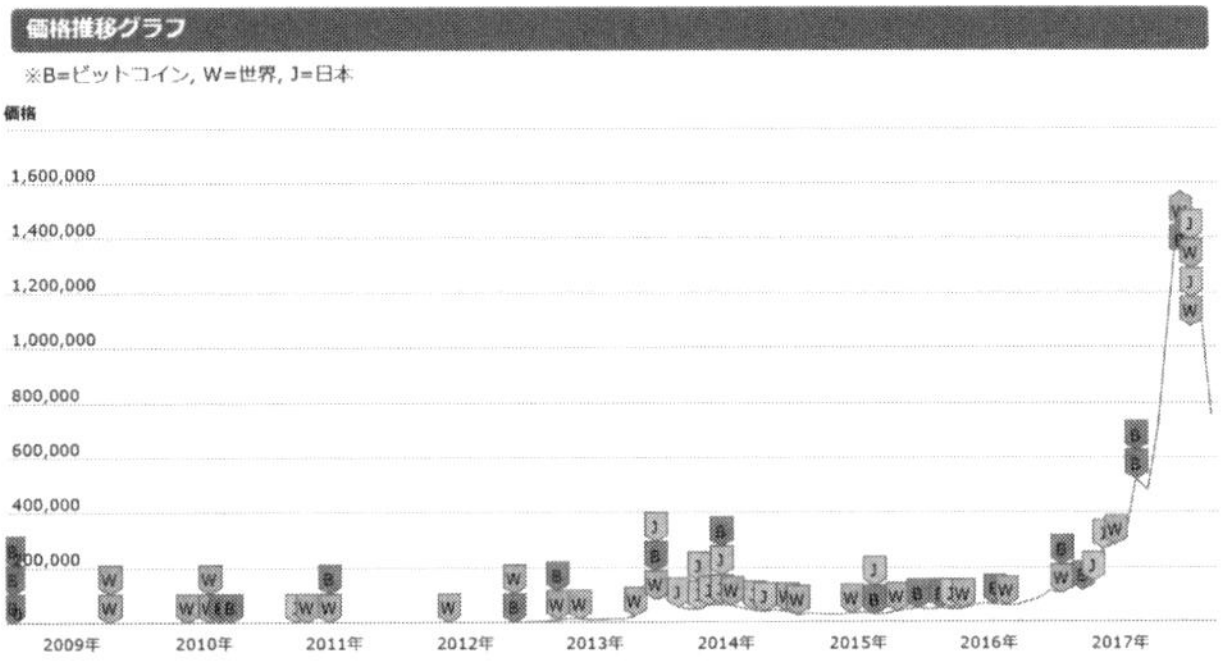

図1－1　ビットコインの対円、対ドルレートの推移
（出典：https://jpbitcoin.com/about/history_price）

電子マネーの亜種なのか？

ブロックチェーンやそれと不可分にセットで登場する**ビットコイン**という用語を、多くの人が知るきっかけになったのは、２０１４年のマウントゴックス事件ではないだろうか。

それまでにブロックチェーンなどという用語を知っていたのは、おそらく技術マニアか投資家もしくは投機家だろう。その後、少しずつ「どうも儲け話があるらしいぞ」という噂が人口に膾炙《かいしゃ》していく段階でも、そこに登場する用語はビットコインであって、ブロックチェーンではなかった。

なんとなくそういう投機対象があると知ってはいたが、「ちょっと怖いな」とか「毎日忙しいし……」とかいう思いから、知識を得ようとしたり、購入に挑戦したりはしない、という人がほとんどだった。

したがって、ビットコインそのものについても、**仮想通貨**という言葉は一人歩きしていたものの、「またEdyやSuicaやTポイントの亜種が出てきた」くらいに思われていた。

大スキャンダルで高まった認知度

そこへマウントゴックス事件である。85万ビットコイン（当時のレートで約５００億円）が失われた。ビットコインは２０１８年にレートが下がっているが、仮に人気のピークだった２０１７年12月のレートで計算すると１兆７０００億円ほどの価値が消えたことになる。その原因はハッキングである——そんな報道がテレビ、新聞、ネットにあふれかえった（後に、不正であったことが発覚）。

ここで、それまでビットコインに興味のなかった人にも、仮想通貨（世界的には「**暗号通貨**」。のちに「**暗号資産**」）がとても大きな市場になっていること、その価値は増大し続けており、初期にコインを手にして寝かせておいた人の中にはお金持ちになっている人もいること、円やドルなどの法定通貨とも交換できること、きわめて小さな手数料で海外への送金（少額も含む）が可能であることなどが知れわたった。

同時に、それだけの規模を持つ金融システムであるのに、明確な運営主体がなく、不正行為によってコインを奪われたというのに、どうやらそれを取り戻すような手立てや、強制力のあるしくみがないことも知れわたった。今もひょっとしたら続いているかもしれない、暗号資産に対する胡散臭《うさん》いイメージは、多分にこのときに付着したものだ。

実際、マウントゴックス事件のあと、特に日本においてビットコインと円の交換レートは下がる。紙面を賑わせるようなスキャンダルを起こした、しかもお金にまつわるしくみを積極的に活用しようとする人は、少なくともマジョリティではない。

だが、この事件が契機となって、同時にブロックチェーンやビットコインの存在そのものと、その利点も広く知られるようになった。

利便性があって、かつ自分が勉強することである程度のリスクヘッジがきくなら、参入してくる人はいる。多くの報道によって名前が売れ、潜在利用者が増えている状況ではなおさらである。

ゴールドラッシュ到来

そして、〈利便性ゆえに利用者が増え続ける→利用者の多い暗号資産の価値は上がる→価値が上がれば人が群がる〉といった正のスパイラルが形作られた。

ただ、急速に増えたビットコイン利用者は、日常の決済にビットコインを使いたかったわけではない。この時期、ビットコインはまだそこまで社会に浸透しておらず、たとえばコンビニでSuicaのかわりに使えるようなものではなかった（この点については、改善はされたものの今でもそうである）。

参加者の主な目当ては、投機である。

ビットコインのブロックチェーンは、**マイニング**という不思議なしくみを持っていた。そのしくみは、不特定多数の利用者がどんな悪さをするかわからない環境で、正しい取引結果を保証し、改ざん不能な記録を残すという。そして、利用者はマイニングに協力して成功すると、ビットコインがもらえ、ビットコイン市場が拡大する限りにおいて富を増やしていくことができる――というのである。マイニング（採掘）という言葉が端的に示しているとおり、ちょっとしたゴールドラッシュだったのである。

19世紀の米国で起きたゴールドラッシュが、単に採掘者を潤《うるお》すだけではなく、多くの付帯産業を生み、インフラを整備したように、ビットコインのゴールドラッシュも、ITやひいては社会に多大なインパクトを与えた。

マイニングに成功し報酬を得るためには、のちの章でくわしく述べるように、同じようにマイニングに参加する者との計算競争に勝たねばならない。最初は一般のPCのCPU（中央処理装置）が使われていたが、GPU（PCの描画を受け持つ専用プロセッサ。並列動作性能に優れ、特定用途に対してはCPUよりも高い性能を発揮する）が使われたり、マイニング専用のASIC（特定用途向けにカスタマイズされたプロセッサ）のほうが速いと言われたりするようになった。マイニングをする参加者（**マイナー**）は新しい情報が現れるたびにGPUを買い、ASICを発注した。GPUメーカーとASICメーカーは、意外な特需に沸いた。

「マイニングプール」の登場

マイニングとは、ビットコインを例にとれば、市場で行われた取引が正当かどうかを検証し、**データブロック**（「台帳」と呼ばれることが多い）に追記する作業である。

ビットコインの場合はブロックの生成速度が定められているので、新規参入者が新しい技術をもとにどんどん計算をすると、もともと決めてあった生成速度を上回りかねない。そこで、一定間隔でデータブロックを作り続けるために、計算競争には難易度が設定されている。最新のコンピュータが投入され、個別にマイニングを行っていたマイナーが組織（**マイニングプール**と呼ばれる）を作りはじめると、問題の難易度はどんどん上昇した。

その結果、世界の各所で膨大な量の計算が行われることになった。ＣＰＵに負荷をかければ電力を喰う、それも極端に喰う。ＣＰＵは負荷をかけると発熱し、しかも自分で発熱するくせに熱には弱い構造である。その冷却にも莫大な電力が使われることになった。

そこで組織化されたマイニングプールは、寒冷な土地にデータセンタを作り、電力が安価に入手できる国や地域に拠点を移すことまでした。ブロックチェーン（この時点では、主にビットコイン）は、確かに社会にインパクトを与えたのである。

現時点では、消費される電力はちょっとした国家の規模に達しており、「需要が増えて、電力会社が潤う」の水準を超えて、マイニングにそんなに電力を使ってよいのかという議論が始まっている。

マイニングは単なる計算競争だ。その計算自体に意味はない。金を掘る労働者が、金を掘り当てれば、その一鍬《ひとくわ》には意味があったかもしれないが、ほとんどの作業は単に土地を掘り返すだけで終わるのと同じである。そして、そうした作業に天文学的な量の電力が使われている。

ビットコインは運営主体もなく、運用も参加者の持ち寄りなのでランニングコストは低いと考えられていたが、隠れたところで膨大な電力が使われているのである。

全体としては損をすることがわかっているのに、一発を求めて宝くじを買う行為に似ている。

インフラになった理由

こうしてマイニングに成功したマイナーは、ビットコインを蓄財していく。もちろん、すぐに換金して利益を確定させてもよいが、市場の拡大局面では大きなキャピタルゲインを得るために蓄財している人も多かった。実際、かなりの参加者が満足すべき利益を得た。あまりタネ銭を用意できない学生でも、数十万単位、数百万単位で資産を増やした者がいた。

ビットコインの利点には、海外送金の手軽さ、安価さがあって、実際にその用途でも威力を発揮した。だが、このゴールドラッシュの時代は、まず投機と売却益の確保に皆の関心があったと言ってよい。

目に触れる話題と回数が多ければ、しかもその内容が利潤を生むようなものであれば、世間の関心が向き、認知が進み、次第に社会へとなじんでいく。この自然な流れに乗って、ビットコインはこわごわとではあるが、皆が知り、存在を許容するインフラになっていった。

同時に、参加者による啓発活動も進み、ブロックチェーンという技術的枢軸があること、ブロックチェーンでは政府や大企業のコントロールがなくても、正確な取引が約束されることなどが浸透していった。日本では金融機関の信用が高いので、その点についてはインパクトが低かったものの、送金手数料を抑えられ、他の用途への転用ができるのではないかといった夢が、各所で花咲いた。

ブロックチェーンという用語も、この時期にビジネス上の常識へと仲間入りした。

再びスキャンダル

市民権を得つつあったビットコインとブロックチェーンに冷や水を浴びせたのが、コインチェック事件である。

2018年1月に起こったそれは、ビットコインやそこから派生するコイン（**オルトコイン**と呼ばれる）の利用が拡大していたこともあり、被害規模は同等だったもののマウントゴックスの事件以上に社会的関心を呼び、市場を萎縮させた。

コインチェック社は暗号資産を派手に（ほぼ100％）流出させてしまったのである。流出させた資産は**NEM**といって、ビットコインではなかったが、500億円以上が他人の口座に移されてしまった。

コインチェックでNEMを運用していた顧客は自分のコインを失い、それ以外のコインの利用者も取引停止の憂き目に遭った。コインチェックは返金に応じるとしたものの、その社会的信用は地に落ちた。

何よりも、ブロックチェーンに対する負のインパクトが大きかった。安全で確実な技術として拡大してきたはずなのに、なぜ盗難などという事態に陥ったのか、不正な取引が行われたことがわかっているのに、どうして取り戻せないのか、犯人を特定して捕まえられないのは何故か。

徐々に受け入れられつつあった暗号資産に、やはり信用ならないのではという疑念が生まれた。その技術的な核心であるブロックチェーンにも、疑いの目が向けられた。

コインチェック社が未《いま》だ発展途上の企業であったこと、返金を行ったこと、特に日本国内ではライトユーザがあまり暗号資産に手を出していなかったことなどから、暗号資産の信用と未来が根こそぎ覆される事態には至らなかった。だが、市場の大半を占めるアーリーマジョリティやレイトマジョリティに与えた影響は小さくなかった。

万能技術なのか

一方で、イノベータやアーリーアダプタと呼ばれる人たちは、ブロックチェーンへの期待をさらに加速させ、ブロックチェーンは金融技術にとどまるものではなく、あらゆる社会システムへの応用がきくと喧伝しはじめている。新規ビジネスの企画書や、研究投資案件の公募でブロックチェーンの８文字を見ない日はない。

これらの報道に接していると、にわかに混乱を覚える。暗号資産は安全なのか、危険なのか？　怪しい投機話なのか、未来を拓く福音なのか？　非中央集権と言われているのに、なんで責任をとって頭を下げている人がいるのか？

本書は、こうした疑問に答えるために、ブロックチェーンがどう設計され、どう駆動しているのかを理解することを目的としている。

ビットコインとブロックチェーンは違う、ということ。ブロックチェーンはビットコインを構成している基盤技術だが、使いようによっては他の分野に転用がきくこと。その転用が（人によっては）世界を変えるとまで言われているが、そんなに万能のしくみなのか、という疑問。こういったことは、その技術を知ることで答えが出る。ブラックボックスになっているから、怖くなったり、過剰な期待を持ったりするのである。人生において不安と向き合う最高の方策は、不安の内容を知ることだ。これはブロックチェーンに限らず、不思議だなと感じる技術すべてに当てはまるだろう。

ブロックチェーンは、少なくとも流行《はや》りの技術であり、流行りを越えて社会のインフラへと浸透していく気配を見せている。これをいつまでもブラックボックスにしておいていいわけはない。ブロックチェーンについて正しい知識を得ることで、正しい接し方を作っていければと思うのである。

第2章

特定の値を導く「ハッシュ」

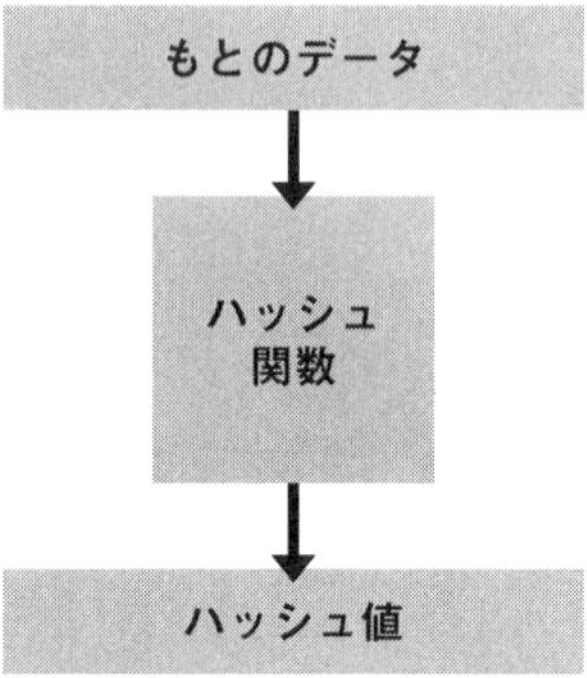

図2-1　もとのデータをハッシュ関数にかけると、ハッシュ値が得られる

普通のPCで計算してみよう

「ハッシュ」という言葉を聞いたことがあるだろうか。午前10時30分までしか売っていない、ポテトを揚げたやつ？　それはマクドナルドのハッシュポテトである。間違ってはいないが、いま説明しようとしているハッシュとは違う。

ハッシュとは、「もとのデータから特定のサイズの別のデータを、計算によって作ること」である。計算に使う関数を**ハッシュ関数**、計算によって求められた別のデータを**ハッシュ値**という。

「もとのデータ」とか、「ハッシュ値」とか言われても、そうそうピンとくるものではないので、実例を示して説明しよう。Windowsマシンをお持ちだったら、標準機能でハッシュ値を計算することがで

図２-２　コマンドプロンプトの画面全体をスクリーンショットしたもの

きる。

まずは、コマンドプロンプトを起動する。

Windowsでコマンドを入力・実行するための基本的なアプリケーションである。大昔のWindowsからついている。やや古めのWindowsであればアクセサリフォルダの中に入っているし、Windows10ならばアシスタントのコルタナに「コマンドプロンプト」と入力すれば起動してくれる。いわゆる黒画面というやつである（ただし本書掲載に際しては、背景が黒だととても見にくいので、便宜上背景色などを変更している）。

ここにコマンドを入力すれば、ＰＣは思い通りに動いてくれるというわけだ。

パラメータの意味

Windowsが出荷状態で持っているハッシュ値を計算するためのコマンドは、**CertUtil**という。もっとも、コマンドを実行するためには、ただコマンドだけを示してやればよいわけではなくて、コマンドを実行するために必要な情報（**パラメータ**）が必要になる。書き方の例は以下のようになる。

CertUtil　-hashfile　d:¥hogehoge.txt　MD5

CertUtilはコマンドそのものである。

その次に書かれている「-hashfile」というのは、CertUtilコマンドはいろいろな機能を持っているため、そのなかでも「ハッシュ値を表示する機能を使いたいんだ」と、ＰＣに伝えるための指定である。

続く「d:¥hogehoge.txt」は、もとのデータが保存されているファイルの指定である。もとデータをここにつらつら綴りはじめると長くなるので、別のファイルに保存しておいて、そのファイルの場所を指定するのだ。ここではWindowsに標準的に付属しているメモ帳アプリを使ってもとデータを書いている。余計な書式情報などを入れたくない（それもハッシュ値の計算対象になってしまう）ので、WordやExcelは使わない。

あらかじめ、ファイルの内容は「a」と1文字だけ入力し、ＰＣのＤドライブにhogehoge.txtという名前で保存した。CertUtilコマンドに書いた「d:¥hogehoge.txt」はその場所とファイル名を示している。

最後の「**ＭＤ５**」は、計算に使うハッシュ関数の種類である。もとのデータからハッシュ値を作る関数はいくらでも作りようがあるので、いろいろな人がいろいろなハッシュ関数を作っている。箸にも棒にもかからずにすぐに消えたハッシュ関数や、とても有用で使い勝手が良く、長く使われているハッシュ関数がある。いま、業務などで使われているのは、**ＳＨＡ２**、**ＳＨＡ３**といったところだ。

どんなハッシュ関数を使うかで、得られるハッシュ値が違うのだが、ここでは長い歴史を持ち、かつ紙面で表しやすい短いハッシュ値を生成するＭＤ５ハッシュ関数を指定した。

```
コマンド プロンプト
C:¥Users¥info>CertUtil -hashfile d:¥hogehoge.txt MD5
MD5 ハッシュ (対象 d:¥hogehoge.txt):
0cc175b9c0f1b6a831c399e269772661
CertUtil: -hashfile コマンドは正常に完了しました。

C:¥Users¥info>_
```

図2－3

ハッシュ値は何進数で書かれているのか

コマンドプロンプトを使って、実際にこの通りにコマンドを実行してみた結果が、図2－3である。ちょっと見にくいが、「0cc175b9c0f1b6a831c399e269772661」が計算結果で、すなわちハッシュ値だ。

もとのデータは「a」1文字であったのだが、これをMD5というハッシュ関数で計算したら、「0cc175b9c0f1b6a831c399e269772661というハッシュ値が得られた」と言い換えることもできる。

ここですでに、ハッシュ値の特徴が出ている。

もとのデータである「a」に対して、計算結果であるハッシュ値「0cc175b9c0f1b6a831c399e269772661」は、明らかに長い。

そう、先にも述べたように、ハッシュ関数で計算した結果として得られるハッシュ値は、一定の長さ（特定のサイズ）の値になるのである。MD5では、得られる結果は128ビットと決まっている。

ビットは情報量の基本単位で、有か無か、0か1かを表すことができる。0＝晴れ、1＝雨と決めておけば、晴れか雨かを表すのにも使える。

こうした情報を表現するのに、2進数はとても都合がいい。2進数は2をひとかたまりと考える数の数え方だ。

私たちは、長いこと10本の指を使って数を数えてきたので、10をひとかたまりにすると数えやすく、考えやすい。だから10種類の数字を使って9までを1桁で表し、10になると桁上がりをする書き方にとてもなじんでいる。これが10進数だ。

2進数	10進数
0	0
1	1
10	2
11	3
100	4
101	5
110	6
111	7
1000	8
1001	9
1010	10

一方の2進数では、0と1の2種類しか数字を使わず、2になると桁上がりをする。2を特別だと考える。10進数と比較するとよくわかる。

1桁の2進数は1ビットの情報を、2桁の2進数は2ビットの情報を表すことができる。MD5で得られるハッシュ値は128ビットだから、128個の0と1が並んだ数値になるわけである。

ただ、ふつうはそういう表し方はしない。01001000……と128桁も並ばれてもなんだかよくわからないし、読み間違えたり書き間違えたりする。だから、2進数を10進数に直したりして、より私たちの感覚に近く、かつ桁数も短くするのである。たとえば、2進数の1001は左の表にあるとおり、10進数に直してしまえば1桁の9として表せる。両者は同じ数値を表している。

しかし、2進数と10進数は実のところあまり相性がよくない。2進数でキリの良さそうな1000は、10進数では8で、あまりキリのいい数値ではない。そこで登場するのが16進数である。これは16をキリのいい特別な数値と考える数え方で、15までを1桁で表す。

15までを1桁で表す……といっても、私たちの日常にはそんなに数字がなさそうに思える。そこで、アルファベットを使ってしまうのである。先ほどのように、同じ数値をそれぞれの表し方で書いていってみよう（左表）。

２進数	10進数	16進数
0	0	0
1	1	1
10	2	2
11	3	3
100	4	4
101	5	5
110	6	6
111	7	7
1000	8	8
1001	9	9
1010	10	a
1011	11	b
1100	12	c
1101	13	d
1110	14	e
1111	15	f
10000	16	10

このとき、2進数の10000と10進数の16と16進数の10は、同じ数を表している。数え方、書き方が違うだけだ。

なぜ16進数の話をしたかというと、「2進数は長いなあ」と思って、書き方を変えるときには、16進数が都合がいいからだ。2進数の4桁はぴったり16進数の1桁になる。ふだん慣れているからと、10進数に直そうとすると、座りの悪い桁数になることがあるのだ。

だから、MD5ハッシュ関数によってはじき出されたハッシュ値も、16進数で書かれている。データの中にaやbなどのアルファベットが含まれている（ただしgから先はない）ことが見て取れる。これは文字として登場しているのではなく、16進数を表す「数字」なのだ。

アルゴリズムごとに必ず同じ結果

2進数の4桁を、16進数の1桁でぴったり表せるのであるから、書くときに必要なスペースは4分の1になる。実際、MD5が出したハッシュ値は128ビットで128桁の2進数になるはずだが、「0cc175b9c0f1b6a831c399e269772661」は32桁で、ちょうど4分の1の長さになっている。16進数の威力である。

ここで、もう一回MD5ハッシュ関数を使って、ハッシュ値を計算してみよう。もとデータは

```
コマンド プロンプト
C:¥Users¥info>CertUtil -hashfile d:¥hogehoge.txt MD5
MD5 ハッシュ (対象 d:¥hogehoge.txt):
0cc175b9c0f1b6a831c399e269772661
CertUtil: -hashfile コマンドは正常に完了しました。

C:¥Users¥info>CertUtil -hashfile d:¥hogehoge.txt MD5
MD5 ハッシュ (対象 d:¥hogehoge.txt):
0cc175b9c0f1b6a831c399e269772661
CertUtil: -hashfile コマンドは正常に完了しました。

C:¥Users¥info>
```

図２－４

さっき使ったデータのまま、「a」である（図２－４）。

ここで、ハッシュ関数のもう一つの重要な要素が登場する。「使うハッシュ関数が同じならば（ここではまたＭＤ５を使った）、同じもとデータからは、同じハッシュ値が作られる」のである。

当たり前ではないかと思われるかもしれないが、これがハッシュ関数の用途に決定的な影響を及ぼすので、よく覚えておいて欲しい。同じデータからは、必ず同じハッシュ値が出てくるのだ。

もうちょっと実験してみよう。今度はハッシュ関数を変えてみる。もちろん、「ハッシュ値を作る関数」という大枠では同じものなのだが、ハッシュ値を作るための計算手順（**アルゴリズム**）を違うものにしてみる。今度は**ＳＨＡ１**というハッシュ関数を使ってみよう。これも古くから使われているものである。ハッシュ関数を変えるので、コマンドの書き方は次のようになる。

```
コマンド プロンプト
C:¥Users¥info>CertUtil -hashfile d:¥hogehoge.txt SHA1
SHA1 ハッシュ (対象 d:¥hogehoge.txt):
86f7e437faa5a7fce15d1ddcb9eaeaea377667b8
CertUtil: -hashfile コマンドは正常に完了しました。

C:¥Users¥info>_
```

図2－5

CertUtil -hashfile d:¥hogehoge.txt SHA1

実際に、コマンドプロンプトで実行してみよう（図２－５）。

この実験、ハッシュ関数をＭＤ５からＳＨＡ１に変更した以外は、条件を何もいじっていない。もとになっているデータは、相変わらず「ａ」１文字のままである。

でも、出力されたハッシュ値は、「86f7e437faa5a7fce15d1ddcb9eaeaea377667b8」と、ＭＤ５で計算したときとまったく異なる値になった。アルゴリズムひとつで、まったく違う値が出てくるのである。

また、ハッシュ値の桁数も異なっていることに注目して欲しい。ＳＨＡ１は１６０ビットのハッシュ値をはじき出す。つまり、２進数にして１６０桁である。先に説明したように、２進数でそのまま表示すると長いので、先ほどの計算結果である「86f7e437faa5a7fce15d1ddcb9eaeaea377667b8」は、16進数に変換されている。だから、ちょっと長いけれどもこの桁数を数えてみると、40桁になっている。

2進数の4桁は、16進数ではちょうど1桁になるので、桁数は4分の1になるのだ。

まとまった長さの文章はどうなるか

今度は違う実験をしてみよう。ハッシュ関数に投入するもとのデータを変更してみる。こんなデータを投入してみよう。

　恥の多い生涯を送って来ました。

　自分には、人間の生活というものが、見当つかないのです。自分は東北の田舎に生れましたので、汽車をはじめて見たのは、よほど大きくなってからでした。自分は停車場のブリッジを、上って、降りて、そうしてそれが線路をまたぎ越えるために造られたものだという事には全然気づかず、ただそれは停車場の構内を外国の遊戯場みたいに、複雑に楽しく、ハイカラにするためにのみ、設備せられてあるものだとばかり思っていました。しかも、かなり永い間そう思っていたのです。ブリッジの上ったり降りたりは、自分にはむしろ、ずいぶん垢抜けのした遊戯で、それは鉄道のサーヴィスの中でも、最も気のきいたサーヴィスの一つだと思っていたのですが、のちにそれはただ旅客が線路をまたぎ越えるための頗る実利的な階段に過ぎないのを発見して、にわかに興が覚めました。

太宰治の『人間失格』冒頭部分である。この文章を選んだのは何か情報学的な意味があるわけではなく、単に私の趣味である。

それはそれとして、もとのデータを「a」1文字からこの『人間失格』の一節に変更して、「hogehoge.txt」に上書き保存する。ハッシュ関数のアルゴリズムはMD5に戻そう。桁数が短いほうが本書にも載せやすい。コマンドはこのようになる。

CertUtil -hashfile d:¥hogehoge.txt MD5

見た目上は、ハッシュ関数が、先ほどのSHA1からMD5に変わった（もとに戻った）だけである。しかし、もとのデータが格納されているhogehoge.txtファイルの中身は『人間失格』に書き換えられているので、その点には注意されたい。

こうして、人間失格の私が『人間失格』からハッシュ値を計算できることになった。そのコマンドを実行した結果が、図2－6である。

```
コマンド プロンプト
C:¥Users¥info>CertUtil -hashfile d:¥hogehoge.txt MD5
MD5 ハッシュ (対象 d:¥hogehoge.txt):
9ea447dd3a066d2de6bf800401efade3
CertUtil: -hashfile コマンドは正常に完了しました。

C:¥Users¥info>
```

図2-6

9ea447dd3a066d2de6bf800401efade3

これが、『人間失格』冒頭部分のＭＤ５によるハッシュ値である。太宰もまさか、自分の文章がハッシュ値の計算に使われるとは想像しなかっただろう。

長さの決まったデータ

ここでも注目すべきポイントがある。

私はハッシュ関数に投入するデータを「a」１文字から、まとまった長さの文章に変更した。文字数にして３６８文字。情報量は劇的に増大している。それにもかかわらず、計算結果として導かれたハッシュ値「9ea447dd3a066d2de6bf800401efade3」は、32桁の16進数である。もとのデータが「a」だったときと変わらないのだ。

これはよくよく考えてみればすごいことである。もとのデータが1文字だろうが、368文字だろうが、10万文字だろうが、出てくるハッシュ値は128ビットで固定なのだ。これも、ハッシュ関数をさまざまな用途に使いやすい要因の一つである。長さが決まっているデータは使い勝手がいいからだ。

さらに実験を進めてみよう。もとのデータとして使っている『人間失格』の一節を、1文字だけ変更する。

恥の多い生涯を送って来ました。
自分には、人間の生活というものが、見当つかないのです。自分は東北の田舎に生れましたので、汽車をはじめて見たのは、よほど大きくなってからでした。自分は停車場のブリッジを、上って、降りて、そうしてそれが線路をまたぎ越えるために造られたものだという事には全然気づかず、ただそれは停車場の構内を外国の遊戯場みたいに、複雑に楽しく、ハイカラにするためにのみ、設備せられてあるものだとばかり思っていました。しかも、かなり永い間そう思っていたのです。ブリッジの上ったり降りたりは、自分にはむしろ、ずいぶん垢抜けのした遊戯で、それは鉄道のサーヴィスの中でも、最も気のきいたサーヴィスの一つだと思っていたのですが、のちにそれはただ旅客が線路をまたぎ越えるための頗る実利的な

```
コマンド プロンプト
C:¥Users¥info>CertUtil -hashfile d:¥hogehoge.txt MD5
MD5 ハッシュ (対象 d:¥hogehoge.txt):
60e82c93578832ae06a86a9cac4e3af2
CertUtil: -hashfile コマンドは正常に完了しました。

C:¥Users¥info>
```

図2-7

階段に過ぎないのを発見して、にわかに目が覚めました。

変わった1文字はどこか。見つけることができない読者も多いのではないだろうか。

答えをバラすと、「にわかに興が覚めました」を、「にわかに目が覚めました」に変えたのである。本当に1文字だけの変更だ。改めて自分でチェックしてみても、目が滑って変わっているのか変わっていないのか判断に苦しむほどである。

この文章を「hogehoge.txt」に保存して、MD5ハッシュ関数にかけてみる。

その結果はどうなったか。

「改ざん検知に使える」理由

まずこれが、オリジナルの「興が覚めました」のときのハッシュ値である。

9ea447dd3a066d2de6bf800401efade3

そしてこちらが、「目が覚めました」に変更してのちのハッシュ値だ（図2－7）。

60e82c93578832ae06a86a9cac4e3af2

似ても似つかないものになっている。いや、数字と文字が並んでいてよくわからんという意味では、同じようなものなのだが、よく見ると全然違う数値・文字列になっている。

もとのデータをたった1文字、「興」から「目」に変えただけである。他の条件は何一ついじっていない。もとデータがほぼ同じなのであるから、そこから作られるハッシュ値も、違うなりに似ていてもよさそうなものである。

にもかかわらず、生成されたハッシュ値はまったく違う値になる。こういう特性を持っているハッシュ関数は、ハッシュ関数のなかでも特別なものとして**暗号学的ハッシュ関数**と呼んで区別する。MD5やSHA1は暗号学的ハッシュ関数である。

「ハッシュ値を改ざん検知に使った」といった報道を目にする機会が増えたが、この暗号学的ハッシュ関数の特性を利用しているのだ。

もとのデータが何億字もあった場合、ちょこっと書き換えられたところで、それを発見するのは至難の業である。しかし、もとデータが1文字でも変更されていると、そこから導かれるハッシュ値は、もとデータが変更される前と全然違ったものになる。

だから、あらかじめ改ざん前のデータからハッシュ値を計算してとっておけば、そののちにデータが改ざんされたかどうかは、ハッシュ値を出してみれば一目瞭然になる。

つまり、データが書き換えられたり、破壊されたりすることのチェックに使えるわけである。

前述の報道は、そのことを言っているのだ。

暗号は「もとに戻せる」

ただし、ハッシュ値は**暗号**や**圧縮**とは、また異なる。この点は報道などで混同されることもあるので、説明しておこう。

まず暗号からおさらいする。送信者と受信者の2人しかその情報を知ってはいけない状況におかれているとして、そこには、さまざまなリスクがある。送信者が文章を書いて保管しているとき、文章を第三者が配達しているとき、受信者が文章を受け取り読んで保管するときなどである。

要するに盗み読みが行われるわけであるが、盗み読みのリスクを完全に除去することはとても難しい。

ちょっと予定表に書いた不倫相手との密会情報を、未来永劫誰にも読まれない自信のある人はいるだろうか?

となると、情報を秘匿するための対策は、「盗み読みをされない」ではなく、「盗み読みをされたとしても、第三者にはまったく意味がわからんようにする」ほうが現実的だ。そこで出てくるのが暗号である。

つまり、暗号とは、「ある情報を送信者から受信者に送りたいときに、その情報を(たとえ盗まれたとしても)秘匿するために使う手段」なのだ。

図2-8は最もシンプルな暗号通信を模式図で説明している。送信者が**暗号化アルゴリズム**と**キー**を使って、暗号文を作るのだ。

暗号化アルゴリズムとは、たとえば「アルファベットをずらす」という暗号の作り方、キーとは「ずらすってゆっても何文字よ?」「1文字だよ」といった、暗号化アルゴリズムに投入するパラメータのことである。

たとえば、もとの文章(**平文**:「ひらぶん」と読む)が「IBM」で、アルゴリズムが「アルフ

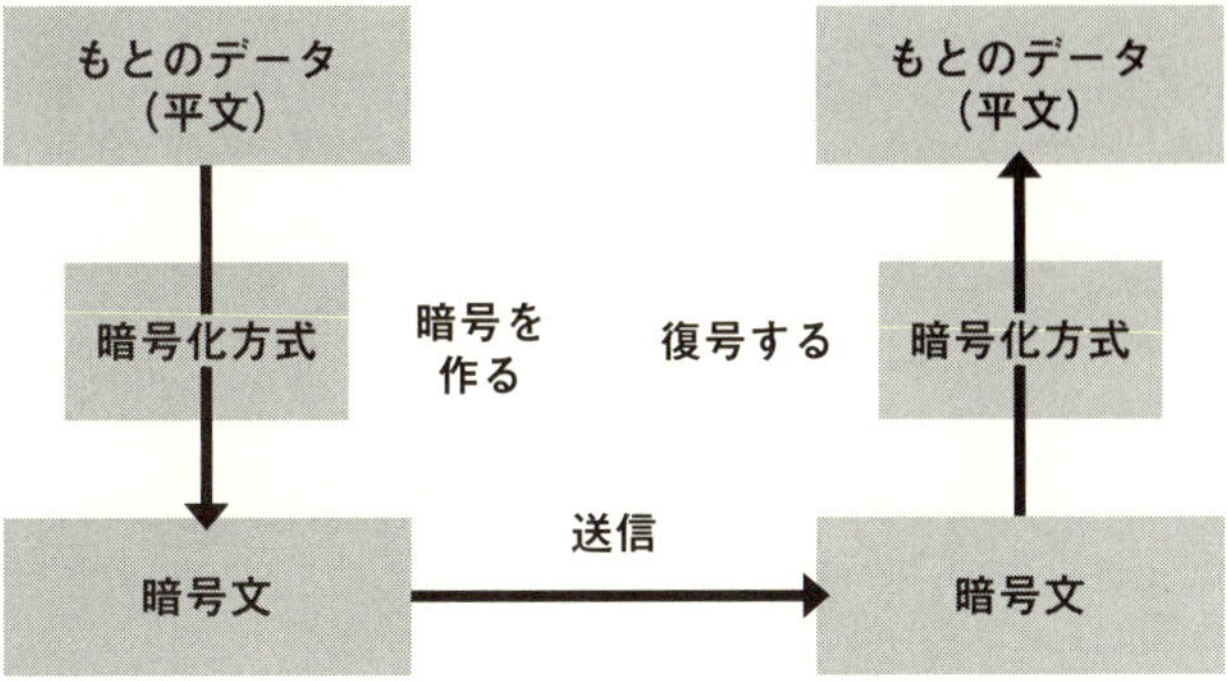

図2-8

ァベットをずらす」、キーが「前方向へ1文字分」、だったときにできる暗号文を考えてみよう。

平文：　ＩＢＭ
暗号化アルゴリズム：　アルファベットをずらす
キー：　前方向へ1文字分

ＩＢＭ（もとになる平文）
←　暗号化アルゴリズムとキーにより、暗号化
ＨＡＬ（できあがった暗号文）

こういう手順で「ＨＡＬ」という暗号文ができあがった。これをはがきに書いて送ったとして、郵便屋さんなどに「ＨＡＬ」を見られてしまうリスクはあるが、もともとの文章であるＩＢＭはわからな

い。

「配送中などに見られても大丈夫」、これが暗号の原理である。細かい話だが、盗聴そのものを防止する対策ではなく、盗聴されても大丈夫なようにする対策なのである。

郵便屋さんは暗号を平文に戻す（暗号化に対して、**復号**という）方法を知らなくても、正規の受信者は知っている（後ろ方向へ1文字分ずらせばよい）。したがって、はがきを受け取った受信者はＨＡＬを復号して、本来の情報であるＩＢＭを取り出して読むことができるのである。

用途を考えれば当たり前の話だが、暗号はもとのデータに戻せるのだ。

一方向性関数

しかし、暗号学的ハッシュ関数によって得られたハッシュ値はそうではない。

一度、ＭＤ５ハッシュ関数を適用して、0cc175b9c0f1b6a831c399e269772661にしてしまった「a」は、0cc175b9c0f1b6a831c399e269772661という情報からは、どうやっても「a」に戻すことはできない。

ここが、正しい暗号化アルゴリズムとキーさえ知っていれば、もとデータを復元できる暗号との決定的な違いである。もとデータへの復元が不可能で、もとに戻せないことから、ハッシュ関数は「一方向性関数」であるといえる。
暗号は、

〈平文　↑　暗号化アルゴリズム／キー　↓　暗号文〉

という具合に、正しい手順を使えば、平文と暗号文を行き来できる。
だがハッシュ値は、

〈もとデータ　↓　ハッシュ関数　↓　ハッシュ値〉

と一方向だ。もとデータからハッシュ値を作ることができるだけで、ハッシュ値からもとデータを復元することは不可能なのである。

パスワードをPCに保存しても大丈夫な方法

もとのデータに戻せないのは、機能上重大な欠陥であるように思われるかもしれない。

しかし、これが役に立つ場面はとても多い。ブロックチェーンもこの特性を最大限利用している。ここでは、簡単な例を示しておこう。

サーバコンピュータなどに不正アクセスが行われ、ユーザＩＤやパスワードが漏れてしまう事件が後を絶たない。パスワードをコンピュータに保存しておくからいけないのだが、保存しないでパスワードのチェックができるものだろうか？

ハッシュ値を使うとできるのである。

たとえば、あるシステムの利用者が「123456」というパスワードを設定したとしよう。よく使われるパスワードなので、こんなものを使うのは下策であるが、仮の話である。この「123456」をシステム側が照合できるよう、ＰＣのどこかの領域に保存しておくのは絶対によくない。不正侵入による漏洩《ろうえい》や、設計のうっかりミスによってＷｅｂで機密情報を世界に公開してしまう事案は、現実にもちょくちょく起こる。

だからこれをハッシュ値にしてしまうのである（図2－9）。

「123456」のハッシュ値は、「e10adc3949ba59abbe56e057f20f883e」である。これをＰＣ上に保存しておけばよいのである。

仮に悪意のある攻撃者がそのＰＣの不正侵入に成功したとして、得られるのは「e10adc3949ba59abbe56e057f20f883e」というパスワードではない情報である。先ほど説明した「ハッシュ関数

```
コマンド プロンプト
C:¥Users¥info>CertUtil -hashfile d:¥hogehoge.txt MD5
MD5 ハッシュ (対象 d:¥hogehoge.txt):
e10adc3949ba59abbe56e057f20f883e
CertUtil: -hashfile コマンドは正常に完了しました。

C:¥Users¥info>
```

図２−９

は、一方向性関数」の特性があるので、「e10adc3949ba59abbe56e057f20f883e」から正規のパスワードである「123456」は復元できない。パスワードの漏れようがなくなるのである。

またハッシュ値は、そのアルゴリズムによって必ず一定の大きさになるから、ハッシュ値を見て、「もとのパスワードは5文字っぽいぞ」「いや10文字だ」と推定することもできない。

正規の利用者がアクセスしてきた場合はどうするのか？　正規の利用者は「123456」とパスワードを入力してくる。すると、それが本人か否かを確かめる認証システムは、「123456」をＭＤ５ハッシュ関数にかけ、ハッシュ値である「e10adc3949ba59abbe56e057f20f883e」を計算するのである。

ハッシュ関数は、「もとデータが同じである場合、必ず同じハッシュ値を作り出す」ので、いま利用者が入力したパスワードから計算したハッシュ値と、もとから保管してあったパスワードのハッシュ値を比較すれば、パスワードそのものを使わなくても、正しいパスワードを入力しているかどうかは判定できてしまうの

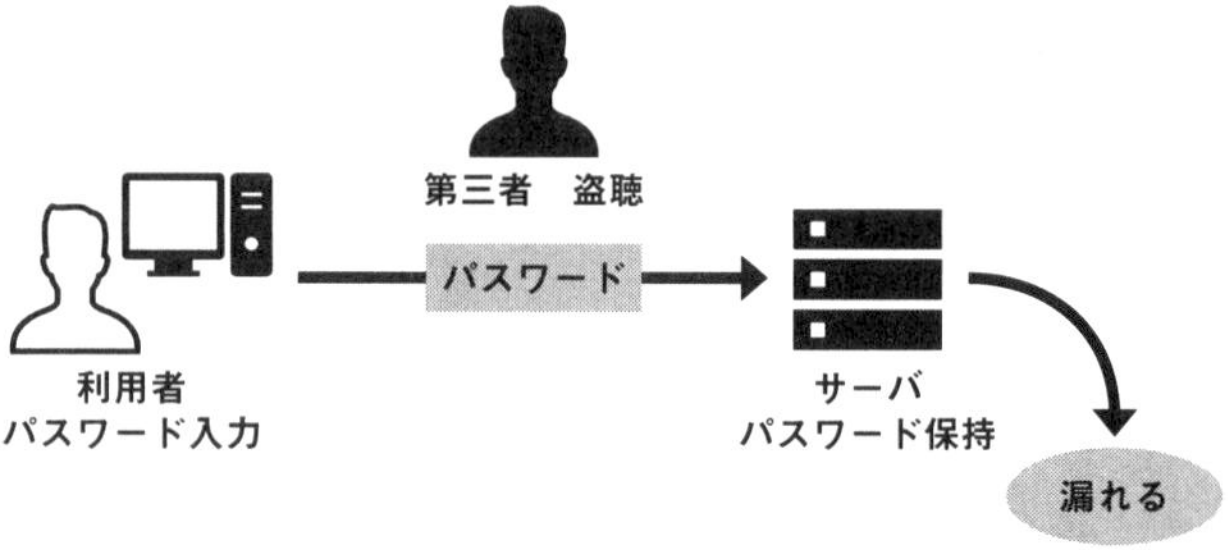

図2-10　パスワードをそのまま送信したり、保存するとやばい

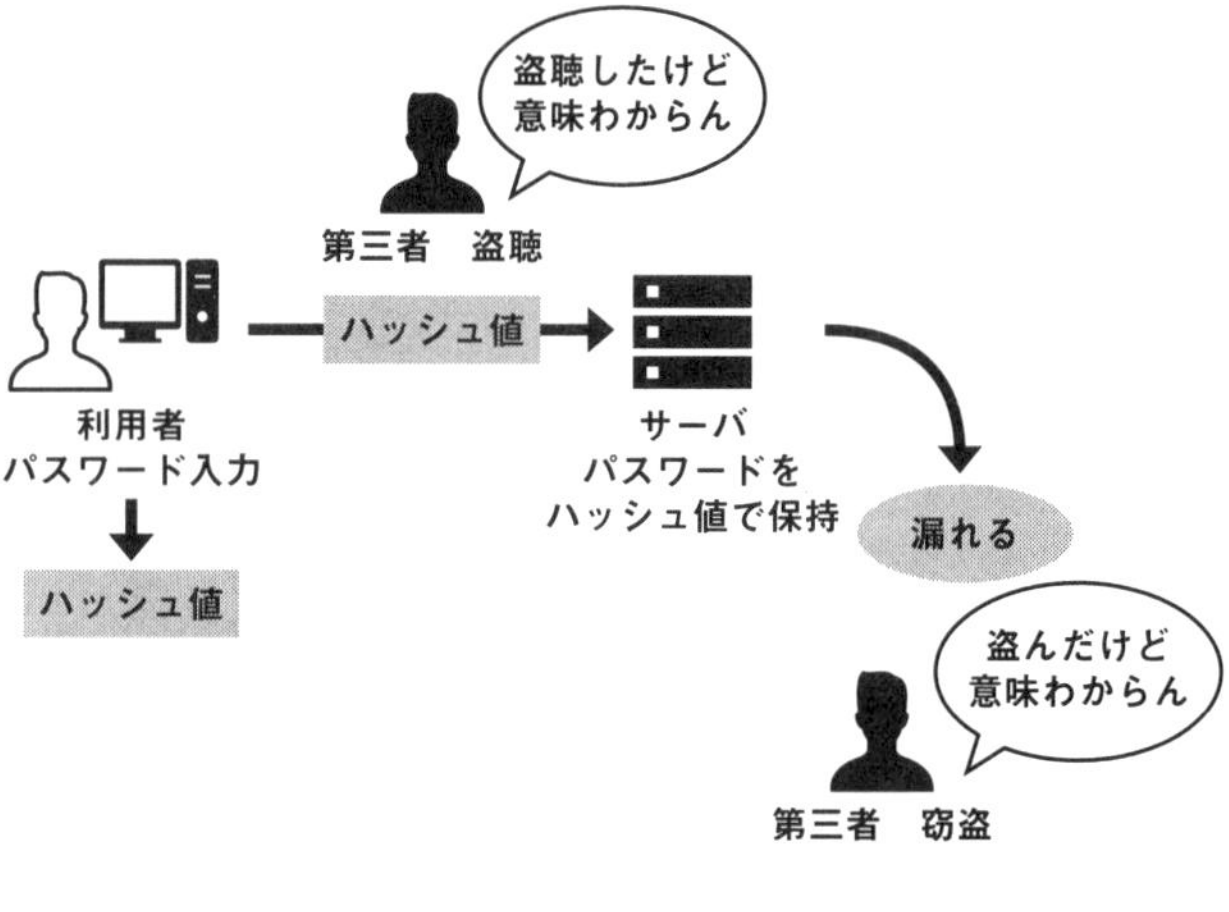

図2-11　ハッシュ値に変えておけば、盗聴しやすいと言われるインターネットには、パスワードを送信しなくてすむ

である。

パスワードを送信しなくてもいい

ハッシュ値を使うことにより、パスワードをそのままの形で保存しておくような杜撰《ずさん》なシステムは激減した。セキュリティの基本的な水準を大きく底上げしたと言える。

インターネットへ情報を送信することに関しても、同じことが言える。

インターネットは各ネットワークが協力・協調して動作する互助的ネットワークである。電話会社と違って、圧倒的に偉い人がいて全体を管理しているわけではない。ということは、インターネットに情報を送信すると、よくわからないネットワークを通過していくリスクがあるのだ。よく言われる「インターネットは盗聴されやすい」は、ここに原因の一つがある。

そんなインターネットにパスワードを送信するのは、自殺行為に等しい。もちろん、いまでは平文のパスワードをインターネットに送信するような牧歌的なシステムはもはや根絶されつつあるが、たとえ暗号化してあったとしてもインターネットにパスワードを送信するのは危険である。暗号はキーを入手することによって、復元できる仕組みだからだ。

その点、ハッシュ値は一方向性があるため、同じハッシュ値であれば、同じパスワードから作られていることは容易に確認ができるけれども、ハッシュ値からもとのパスワードを復元することは事実上不可能である。単にパスワードの合致確認をするならば、ずっと安全なしくみを作ることができるのである。

ありがちパスワードが危険な理由

もちろん、完全に安全な方法などはない。ハッシュ値を使う方法にも、さまざまな穴がある。ここでは一つだけ、「**レインボー攻撃**」を紹介しておこう。

ハッシュ関数はみんなが知っているツールなので、誰でも使える。それが良いところで、さまざまなシステムで有効活用されているが、悪意のある人ももちろん使うことができる。だから、パスワード破りをしようとする人は、ハッシュ関数を使ってパスワードのハッシュ値を計算しておくのである。

たとえば、ＭＤ５ハッシュ関数は誰でも使える（私たちも、ここに来るまでにさんざん使ってきた）ので、いろいろな文字列のハッシュ値をあらかじめ蓄積しておくのだ。

123456 → e10adc3949ba59abbe56e057f20f883e

iloveyou　→　f25a2fc72690b780b2a14e140ef6a9e0
qwertyuiop　→　6eea9b7ef19179a06954edd0f6c05ceb

こうしておけば、サーバコンピュータからパスワードを盗み出したときに、たとえば「6eea9b7ef19179a06954edd0f6c05ceb」とハッシュ値で保存されていても、「こいつのパスワードは、qwertyuiop だ！」と特定することができる。ちなみに、「qwertyuiop」は「qwerty 配列」と呼ばれる一般的なキーボードの上から2段目を左から順に押していった文字列で、パスワードをあまり真面目に考えたくない人たちにとても人気がある。

こうしたパスワード破りの方法を、レインボー攻撃という。あらかじめ作っておくハッシュ値のリストは「**レインボーテーブル**」と呼ばれる。

あり得べきすべてのパスワードに対応するハッシュ値を計算して、レインボーテーブルを作るのはとても手間暇がかかる割の合わない作業に思える。だが、多くの利用者はたいてい似たようなパスワードを使う傾向にある。先ほどの「123456」や「iloveyou」だ。さらに、調査会社が「よく使われるパスワードランキング」を発表しているので、そのデータも使える。

こうしたパスワード候補に絞ってハッシュ値を計算し、リストを作っておくのは、見返りを考えれば嫌になるほどの作業ではない。

だから、パスワードの漏洩対策のためにハッシュ値を使うことのみでよしとするのであれば、それは完璧であるとは言いがたい。

家庭用ＰＣでも解読できる

ハッシュ値を盗まれても、パスワードを特定されたくないのならどうすべきか。

攻撃者がレインボー攻撃などやりたくなくなってしまうほどの、長大で複雑でころころ変更されるパスワードを用意すればいい。だから、そういうパスワードを作り、各システムごとにパスワードを異なるものにするよう薦められるわけだ。

だが、たいていの人はそんな面倒くさいことはしない。したがって、レインボー攻撃は有効な攻撃方法になり得るのである。

実際のところ、複雑な技法を駆使しなくても、数桁の簡単なパスワードのハッシュであれば、家庭用ＰＣを使って数分で解読することができる（そのため、パスワードに**ソルト**と呼ばれるランダムなデータを加えてからハッシュ関数にかけるレインボー攻撃対策がある）。

しかし、ハッシュ関数の主戦場はそこではない。

詳細は第４章に譲るが、ビジネスドキュメントに改ざんが加えられていないか、作った日時を書き換えられていないか、といったことの証明にハッシュ関数は使われている。たとえば、１００ページにわたるあらゆる文章に対応するレインボーテーブルをあらかじめ用意しておくことは、いまの技術では時間的に不可能である。

圧縮アルゴリズムのしくみ

暗号の次に考えるのは圧縮である。

圧縮はデータを小さくする技術である。昔は特にこれが重要だった。ＰＣが持つメモリもストレージも容量が小さかったので、効率よくデータを保存しないとすぐにパンクしてしまったのである。

要領よくとはどういうことか?

たとえば、「ａａａａａａａａａａａａａａａａａａａａ」という、ａが20個並ぶデータがあったとする。

これを素直にハードディスクに保存すれば、英文字1文字は8ビットで表せるので、１６０ビットである。ビットのかわりに、バイトという単位を使うこともある。例外はあるが8ビット＝1バイトと換算できるので、右記のデータであれば20バイトである。

「160ビットはどのくらい?」と聞かれてもピンとこないが、「20バイト」であれば20文字分の情報量である。想像しやすいのだ。

もしハードディスクの容量をちょっとでもケチろうと考えるのであれば、素直にaを20個並べる必要はない。「圧縮するぞ!」と宣言して、

a20

と書いてしまえばよい。わずか3バイトですむ。もとのデータに対して17バイト分も節約しており、もとデータのわずか15%しか記憶領域を使っていない。

もちろん、受信側が間違えて、そのまま「a20」というデータだと思ってしまうと大問題だが、圧縮したことがわかってさえいれば、aが20個分だぞ、と考えて「aaaaaaaaaaaaaaaaaaaa」に復元(解凍と呼ばれる)すればよい。これで、正しいデータとして使える。

これはとても単純な例だが、さらに効率のよい圧縮アルゴリズムはたくさんある。

いまはPCのCPU(中央処理装置)やメモリ、ストレージの高性能化、大容量化、低価格化が進んだため、昔ほど切実にデータを圧縮したいわけではない。生データのままデータを保存し

ても、そんなにお金がかかるわけではない。

それでも、通信であまり大きなデータを送ると、たくさんのお金を課金されたり、サービスによっては迷惑メール扱いで届けてもらえなかったりすることがある。またYouTubeなどを中心に動画の需要が右肩上がりだが、動画は画質によっては本当に大きなデータになるので、いまでも圧縮アルゴリズムの研究や洗練は続いている。

読者も、ファイルの拡張子が「.zip」や「.lzh」になっているファイルを見たことがあると思う。これらのファイルはオリジナルの情報が収められたファイルではなく、圧縮処理を施したファイルである。

なぜ「jpeg」は軽量なのか

細かい話だが、圧縮アルゴリズムには、**可逆圧縮**と**不可逆圧縮**がある。名前から想像がつくとおり、可逆圧縮はもとデータに完全に復元できる形式の圧縮である。たとえば、会社に提出する始末書をちょっと圧縮しておきたい場合には、可逆圧縮にしておかないとまずい。

「申し訳ございませんでした。」という文章を圧縮して、解凍してみたら「もう少し給与を上げろ」に化けていたら社会人としての地位が致命傷を負う。

不可逆圧縮は、可逆圧縮に対置する概念で、復元（解凍）処理を行ったときに、完全にもとの状態には戻らない圧縮方式を言う。先の例と照らし合わせてみると、大変危険なようにも思えるし、そもそももとに戻らない圧縮に意味などあるのかと疑問が生じるが、これはこれで使いようがあるのである。

不可逆圧縮は、完全にもとに戻すことを考えなくてよいので、ものすごく大胆に圧縮することができる。圧縮したあとのデータを極端に小さくできるのだ。データを保存しておくことを考えると、非常に効率がいい。この技術は写真や動画によく使われている。

遠近両用のコンタクトレンズの原理などを考えてもわかるように、人間の目というのは性能がとてもよく、かついい加減である。細かいところはボケたりしていても、勝手に補完して脳内で綺麗な画像を結んでしまう。だから、高精細な画像を素直に大容量データとして保存しておく必要はないのである。

不可逆圧縮をしてとても小さなデータにし、閲覧するときに復元して、細部がボケていても見る人は気にしない。そうであるならば、デジカメやスマホのストレージをとても節約できる。

右ページに掲載した写真は、講談社の社屋である。生データのサイズは３１６５キロバイトだ。BMPと呼ばれる、データをまったく圧縮しない（ゆえにもとの写真に忠実な）保存形式を使っている。

これを「ちょっと大きいな」と思うならば、可逆圧縮方式で圧縮すればよい。ストレージに保存するときはサイズを小さくし、見るときにはもとに戻せばいいのだ。可逆圧縮方式にもいろいろなアルゴリズムがあるが、PNGという形式で試してみたところ、２３５７キロバイトまで小さくなった。

「まだまだ大きいぞ」と感じたら、今度は不可逆圧縮方式にする。何せ、完全にはもとに戻さなくていいのだ。アグレッシブにデータを削ることができる。デジカメなどでも使われるJPEG形式にすると、３８１キロバイトにまで劇的にデータサイズが小さくなった。

同じように見えても、データとしては全然違うものになっているのである。

ハッシュと圧縮の違い

それでは、ハッシュ値は、圧縮されたデータだろうか？
ある意味、圧縮が成立しているとは言える。先ほどは『人間失格』の私が好きな一節をMD5ハッシュ関数にかけたが、仮に全文をもとデータとして入力したとしても、MD5ハッシュ関数は128ビットのハッシュ値を導き出す。大きなデータを小さくしているので、ある種の圧縮になっている。

また、あまり小さなデータを投入すると、かえってデータが大きくなる点も、圧縮と一緒だ。MD5ハッシュ関数に「a」を入力したときのハッシュ値は、(必ず128ビットになるから)「0cc175b9c0f1b6a831c399e269772661」で、もとの「a」より明らかに大きくなっている。

圧縮にもこの性質がある。それこそ、「a」というデータを、先ほどと同じアルゴリズムで圧縮すると、「a1」という圧縮後データが得られる。圧縮したはずなのに、もとデータより大きくなってしまったのだ。

このようにいくつかの特徴を同一にしながらも、ハッシュ値と圧縮は違う。圧縮は、それがたとえ不可逆圧縮であっても、基本的にはもとのデータを復元することを目的に作られている仕組みである。伝達か保存か、あるいはそのどちらもかにおいて、大きなサイズのデータだと取り扱いが難しいので、小さくするのだ。

それに対して、ハッシュ値はもとデータの復元を毛ほども考えていない。むしろ、これまでに検討したように、ハッシュ値からもとのパスワードを気取られたりしないように、「もとのデータを復元できない」ことこそが、暗号学的ハッシュ関数とハッシュ値のアイデンティティなのだ。

ハッシュ値はもとのデータよりも短くなるのが一般的なので、ある側面だけを切り取るとデータの圧縮行為にも見えるが、目的がまったく違うのである。

シノニムという弱点

この章の最後に、もう一つだけ暗号学的ハッシュ関数の特性に触れておこう。それは、「**シノニム**」の発生確率の低さである。

ハッシュ関数は、大きなデータ（もとデータ）を小さなデータ（ハッシュ値）に変換する働きを持つ。もともとが大きなデータであるものを、むりくり小さなデータにしているのであるから、そもそも無茶である。違うデータをハッシュ関数に投入したのに、同じハッシュ値を作り出してしまうことが稀《まれ》にあるのだ。これをシノニムと呼ぶ。

それ自体は原理的に仕方がないとしても、パスワードのチェックなどにハッシュ関数を活用するのであれば、シノニムが発生する確率は極限まで低下させておかなくてはならない。それゆえに、「よいハッシュ関数」と言われていたり、長い間生き残って使われ続けてきたハッシュ関数は、情報の不可逆性の高さやシノニムの発生確率の低さにおいて、高い評価を得ていると考えて間違いない。

もちろん、そういうハッシュ関数であっても、**脆弱性**《ぜいじゃく》（弱点）が見つかって、使えなくなってしまうことがある。本書でも使ったＳＨＡ１は、もとデータＡから作ったハッシュ値と、同じハッシュ値になる（シノニムが起こる）もとデータＢの組み合わせを、偶然などに頼らずに高速に探し出す方法の研究が進んでしまったため、利用を停止する勧告がＮＩＳＴ（米国国立標準技術研究所）から出された。

違うデータから同じハッシュ値が作れてしまうと、これまでにお話ししてきた前提が崩れ、たとえば文書の改ざんを防止するような使い方がダメになってしまう（悪用されて、偽造文書を本物の文書だと認識してしまう）状況が生じるのだ。

第3章

さまざまな事象への「ハッシュ」の応用

既存技術の延長線上での理解

前章でハッシュがどのような技術であるのかを見てきた。続く本章では、そのハッシュが現実の世界において（暗号資産以外のところで）どのように役立っているのかを知っていこうと思う。ハッシュ自体は古い技術であるが、これまでの製品やサービスで、どのように活用されてきたのかを知ることで、ブロックチェーンという新しい革袋の中に詰め込まれる妥当性を理解しやすくなるだろう。

ファイルの破損・改ざんを検出する

前章でも触れた内容だが、ハッシュ関数はそこに投入するデータがオリジナルと少しでも違うと、似ても似つかないハッシュ値を生成する。

たとえば、無料で配られるゲームや動画ソフトに、悪意のある動作をする**マルウェア**（個人情報を漏洩させたり、PCを使えないようにして身代金を要求してきたりするプログラム）が組み込まれていることはよくある。

うかつにダウンロード、およびインストールしていると（ゲームや動画ソフトとしてもちゃんと動くのだ）、知らないうちに自分の個人情報が大流出していることがある。

しかし、無料ゲームでは遊びたいし、動画も見たい。どうすればいいのか？　それらは、もともとはちゃんとしたゲームだったはずなのだ（メーカーが悪意を持ってマルウェア機能を仕込んでいた場合は論外となる）。

だから、オリジナルである「ちゃんとしたゲーム」と、悪意のある機能を仕込まれてしまったあとの「マルウェア化してしまったゲーム」との比較ができればよいのである。

オリジナルに対して、何か変更が加えられてしまったかどうかの比較であるから、そこにハッシュ値を使えばよい。

巨大なデータでもちゃんとハッシュ値が出る

実際に配られているソフトウェアを使って実験してみよう。図3－1は、Ubuntu というLinux ベースのＯＳを配布しているＷｅｂページである。管理がしっかりしているので、よもやここのＷｅｂサイトが攻撃者の被害にあって、配布ファイルが改ざんされているとは考えにくいが、モノがＯＳだけにもしそんな目にあってしまったら被害は甚大である。

図３－１

配布サイトもそれがわかっているから、配布しているＯＳのハッシュ値を公開しているのだ。ここで公開されているハッシュ値は、マルウェアなどに汚染されていないかちゃんと検査をして、もととなるソフトウェアがぴかぴかの状態でハッシュ関数から導き出された値である。

（md5sum: 68b6419ff3c1a84fe853ad7e5375f14f）

と書かれているので、たくさんあるアルゴリズムのなかからＭＤ５を選んで、ハッシュ値を生成していることがわかる。その結果得られたハッシュ値が「68b6419ff3c1a84fe853ad7e5375f14f」である。ＭＤ５が導き出すハッシュ値は１２８ビットで、それを16進数化して４分の１の桁数にしているから、ちゃんと32桁に収まっている。

で、このファイルをダウンロードしてみる。ずいぶん時間がかかるなと思ったら２ＧＢ近くあった。そういえばＯＳの本体だっ

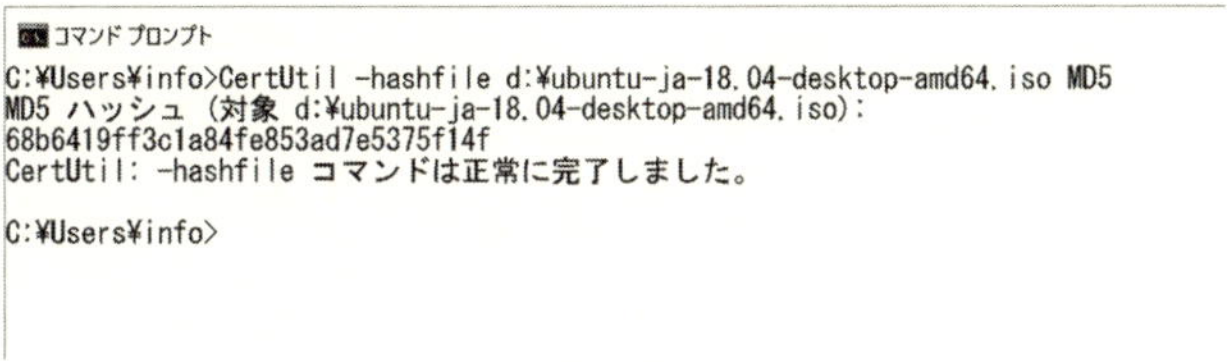
コマンド プロンプト
C:¥Users¥info>CertUtil -hashfile d:¥ubuntu-ja-18.04-desktop-amd64.iso MD5
MD5 ハッシュ (対象 d:¥ubuntu-ja-18.04-desktop-amd64.iso):
68b6419ff3c1a84fe853ad7e5375f14f
CertUtil: -hashfile コマンドは正常に完了しました。
C:¥Users¥info>

図３－２

た。このファイルを選んでしまったことを後悔した。待つこと数分、ダウンロードが完了したので、コマンドプロンプトからCertUtilコマンドを使って、ダウンロードほやほやのファイルをＭＤ５ハッシュ関数にかけてみる。その結果が図３－２だ。

もとのデータが大きいので、「a」のハッシュ値を計算したときよりも、ずっと時間がかかったが、２ＧＢ近くの大きなデータから、ちゃんとハッシュ値を算出してくれた。２ＧＢといえば、20億バイトである。１バイトである「a」とは、比べるのもおかしいくらいの情報量格差があるが、どちらからも同じ１２８ビットのハッシュ値を算出するところにハッシュ関数の神髄がある。さあ、ダウンロードしてきたファイルから計算したハッシュ値はどうなっているだろうか。

図３－２を見てみよう。ハッシュ値は「68b6419ff3c1a84fe853ad7e5375f14f」である。配布元のＷｅｂページに記載されていた「68b6419ff3c1a84fe853ad7e5375f14f」とぴったり一緒で、データ送信中の欠落や、悪意のある改ざんがないことが証明できる。

もちろん、この組織が攻撃者に完全に乗っ取られていて、配布されているファイルも偽物《にせもの》、掲載されているハッシュ値もそこから計算した偽物の場合は、騙《だま》されてしまう。

しかし、たとえば本家本元のメーカーではなく、怪しげな配布サイトや、友人からファイルをもらったようなケースでは、自分でそのファイルからハッシュ値を計算し、正規の組織のWebページで公開されているハッシュ値と比較することで、改ざんの有無を調べることができる。

メールの破損・改ざんを検出する

インターネットは共用のネットワークである。さまざまな自律ネットワークが相互に接続し合い、全体として世界中を結ぶ通信インフラになっている。その様は、利害が異なるもの同士が行うバケツリレーのようなものだ。

したがって、インターネットに接続されている個々の自律ネットワークは、インターネットの最低限の通信ルール（IP：Internet Protocol）に従いつつも、それぞれに異なる管理ポリシーを持っている。当然のことながら、中には悪い考えや悪い目的を持っている組織や管理者が混ざっている。

インターネットを流れる通信は、そんな魑魅魍魎《ちみもうりょう》が跋扈《ばっこ》する空間をリレーされていくわけであ

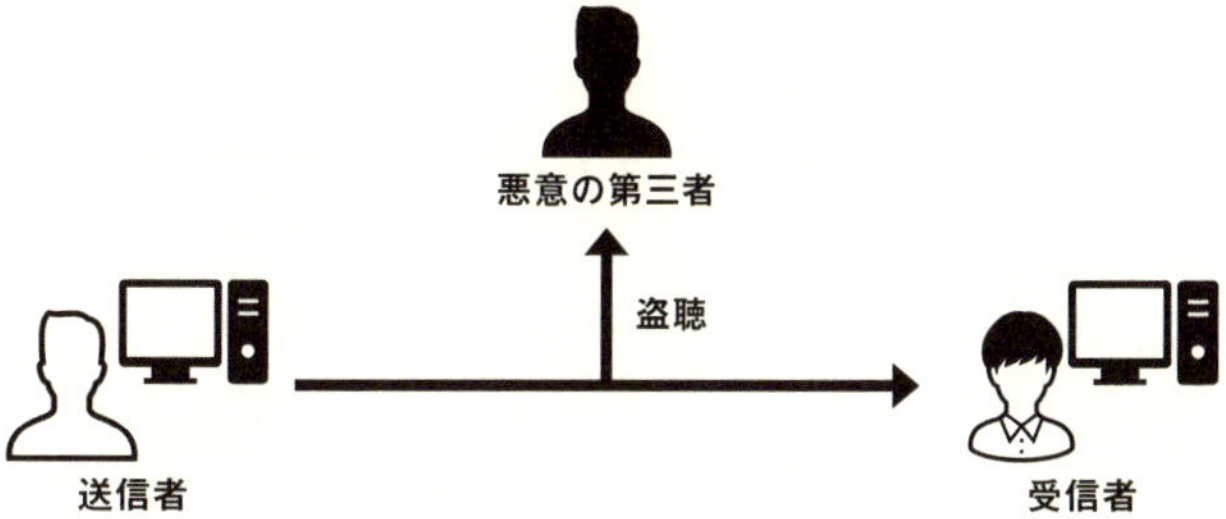

図3-3

るから、当然内容を書き換えられたり、追加されたり、一部を欠落されたりする可能性がある。

そこで、こんなことを考える。「ハッシュ値を使えば、改ざんを検出できるのではないだろうか」と。

手順はこうだ。メッセージ（別にメッセージでなくとも、何らかのデータであればいいのだが、便宜上メールにしておく）の送信者は、メッセージの本文を作成する。それをただ送信してしまうのであれば、非セキュアなふつうのメッセージとかわらない（図3－3）。

暗号化で改ざんは防げない

これに対応するセキュリティ対策は、暗号化である。前章で述べたとおり、暗号にすることによっ

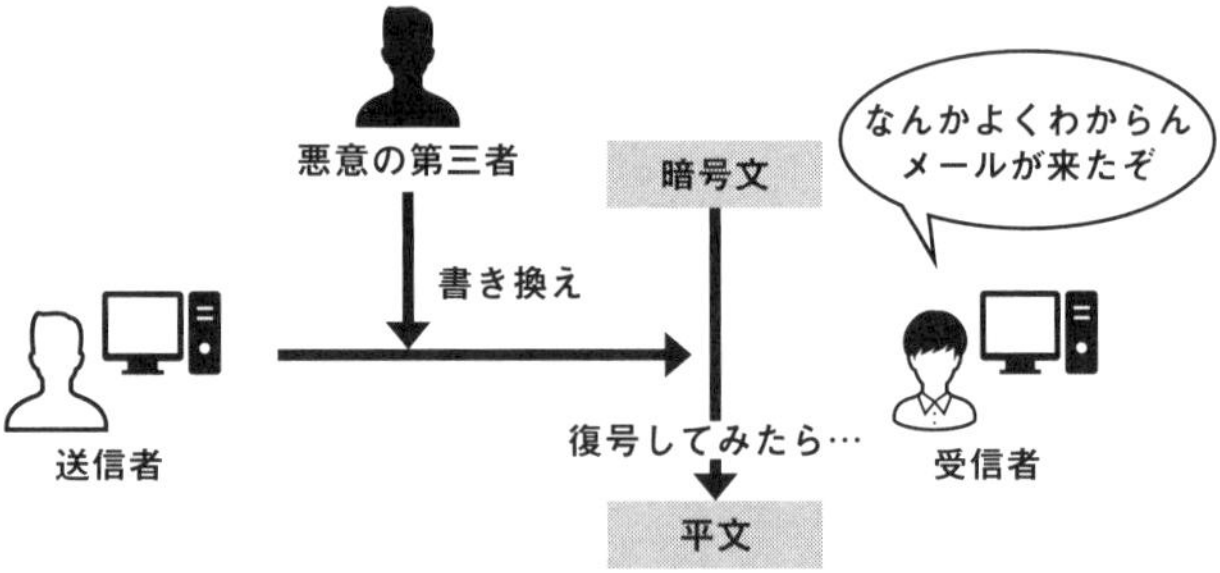

図3-4

て、インターネットというインフラの性質上、盗聴そのものを防ぐことは難しくても、盗聴された情報が悪意の第三者によっては解読できない状況を作ることができる。

Googleなどが、インターネット上を流れるデータを、すべて暗号化する方向に誘導しようとしているのはこのためだ。彼らはインターネットの覇者であり、インターネットから莫大な収益を得ている。それゆえ、インターネットが安全なインフラであり続けて、今後も多くの利用者がインターネットを使い続けてくれるならば、そのために必要な投資を上回る巨大な利益を得られるのだ。

しかし、この方法では防げない悪意もある。その一つが、改ざんである。貴重な情報を暗号文に変換することによって、確かに悪意の第三者はそれを読むことはできないかもしれない。しかし、自分のネットワークをその情報が通過していくときに、それを書き換えることはできるかもしれない。図3－4で示したように、中身を読めなくても、書かれていることを滅茶苦茶にして、人の邪魔をできる可能性がある。

暗号解読には数十億年かかるはずだが…

もっと言えば、悪意の第三者が暗号文を盗聴し、各種の手練手管を弄《ろう》して暗号の解読に成功するかもしれない。暗号とは、単に解読を遅らせるための技術である。現時点で実装されている暗号の最終的な目的は時間稼ぎであって、攻撃者が解読にまごついている間に取引が成立したり、その情報自体に意味がなくなってしまうことを狙っている。

最強を謳《うた》われる暗号であっても、数十億年や数百億年もあれば解読されてしまうものなのである。ふつうは、数十億年も暗号解読にかけていられないので、「便宜上安全」と考えておくのが暗号というものである。

それゆえ、知らないうちに、数十億年どころか数分で暗号を解読できてしまう、まったく新しい技法が生まれてしまう可能性や、まったくの偶然でたまたま解読できてしまう可能性を排除することは不可能である。

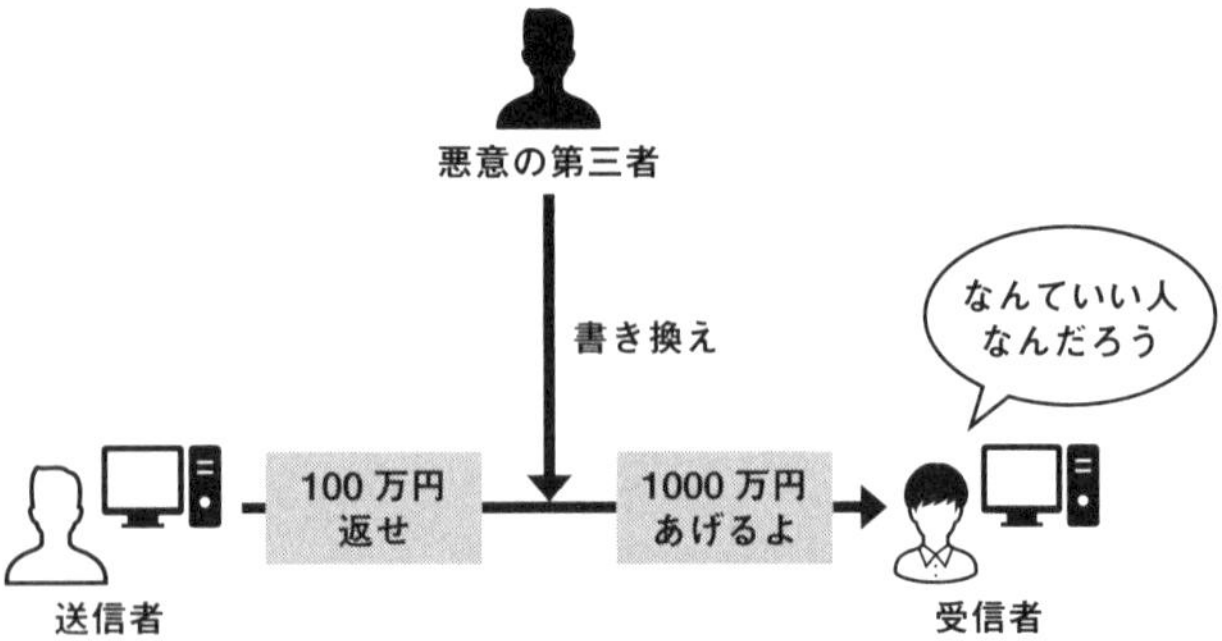

図3-5

そうなると、一度解読して平文にした情報を、自分の都合のよいように書き換えて再暗号化し、正規の受信者へ再送信する可能性もまた、否定できないことになる（図3－5）。

ハッシュ値とメッセージを別々に送ってみる

そこで、メッセージをハッシュ関数にかける。こんなメッセージを作ってみた。恐ろしい脅迫文である。

1００万円返してください。
返してくれないと、お前の毛を1００万本抜くぞ。

この文章をMD5ハッシュ関数にかけると、得ら

```
コマンド プロンプト
C:¥Users¥info>CertUtil -hashfile d:¥hogehoge.txt MD5
MD5 ハッシュ (対象 d:¥hogehoge.txt):
6d5f290bdbe70d2ac0fd9b2c811f15bb
CertUtil: -hashfile コマンドは正常に完了しました。

C:¥Users¥info>_
```

図3-6

れるハッシュ値は

6d5f290bdbe70d2ac0fd9b2c811f15bb

になる（図3－6）。

ここで得られたハッシュ値と、メッセージをたとえば別々のメールで相手に送るのである（図3－7）。

メッセージだけを改ざんされたら

攻撃者がこのメッセージに対して何か悪さをしてやろうとするとき、3つのパターンが考えられる。

パターン1は、**「本文のメールだけを首尾良く捕まえ、改ざんし、ほんものの送信者になりすまして再送信できた場合」**だ。

まず、このパターンについて考えてみよう。

本文を改ざんできたのであるから、その内容はいかようにも書

図3－7

き換えることができる。

1000万円あげます。

受け取ってくれたら、僕自身の身も心も捧げます。

仮にこんな文章へと改ざんしたとしよう。これが受信者のもとへと到着することになる。受信者は身と心はともかくとして、1000万円もらえることに喜ぶかもしれない。

しかし、ちょっと不審を覚えてハッシュ関数にかけてみたとする。そのとき、この文章から得られるMD5ハッシュ関数は、「280f0e2bfa013b4283fd77c5a34aed82」である（図3－8）。

別途送られてきた、改ざん前の本文から作られた「6d5f290bdbe70d2ac0fd9b2c811f15bb」とはあからさまに違う。

これで、本文かハッシュ値のどちらかに手が加えられたことがわかる。「どちらか」という箇所は確定できないが、どちらかに手が加わっているのであれば、いずれにしろそんな文章は危なく

```
コマンド プロンプト
C:¥Users¥info>CertUtil -hashfile d:¥hogehoge.txt MD5
MD5 ハッシュ (対象 d:¥hogehoge.txt):
280f0e2bfa013b4283fd77c5a34aed82
CertUtil: -hashfile コマンドは正常に完了しました。

C:¥Users¥info>_
```

図３-８

て信用できないことが確定する。

ハッシュ値だけを改ざんされたら

続いてパターン２「ハッシュ値のメールだけを首尾良く捕まえ、改ざんし、ほんものの送信者になりすまして再送信できた場合」を検討しよう。

このパターンの考え方は、ほとんど1と同じである。

得られたメッセージを改ざんしてしまえ！　ということで、ハッシュ値を滅茶苦茶に書き換えたりするケースだが、本文は無事に到着している。

だから、受信者は改ざん前の文章からハッシュ値である「6d5f290bdbe70d2ac0fd9b2c811f15bb」を導くことができる。これとまったく異なるハッシュ値が送られてきたとして、そんな危なっかしい文章を採用するわけにはいかない。送信者に問い合わせるなどして、悪意の第三者が改ざんを行った事実が露見する。

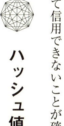

みんな改ざんする「中間者攻撃」

そしてパターン3だ。**「悪意の第三者が、本文のメールもハッシュ値のメールも取得し、ほんものの送信者になりすまして再送信できた場合」**はどうなるか。

これは正規の送信者にとっても、正規の受信者にとっても悪夢である。そんなに都合のいいことができるのかと思うかもしれないが、たとえば単純な手法として**中間者攻撃**がある。

正規のメールのやり取りは、送信者のメールサーバから受信者のメールサーバへと送信されるものだ（図3－9）。

だがその間に、もしも悪意のある第三者が割り込むことに成功したとしたら。その第三者はメールの送受信を中継することによって、メールを読もうが書き換えようがやりたい放題にできる。

これを中間者攻撃（図3－10）というのである。インターネットでは、ごく一般的な攻撃手法だ。

この場合、メールの中継をしている悪意の第三者は、メールの本文もそこから導かれるハッシュ値も、自分で作ることができるため、メールの改ざんが事実上、可能になる。

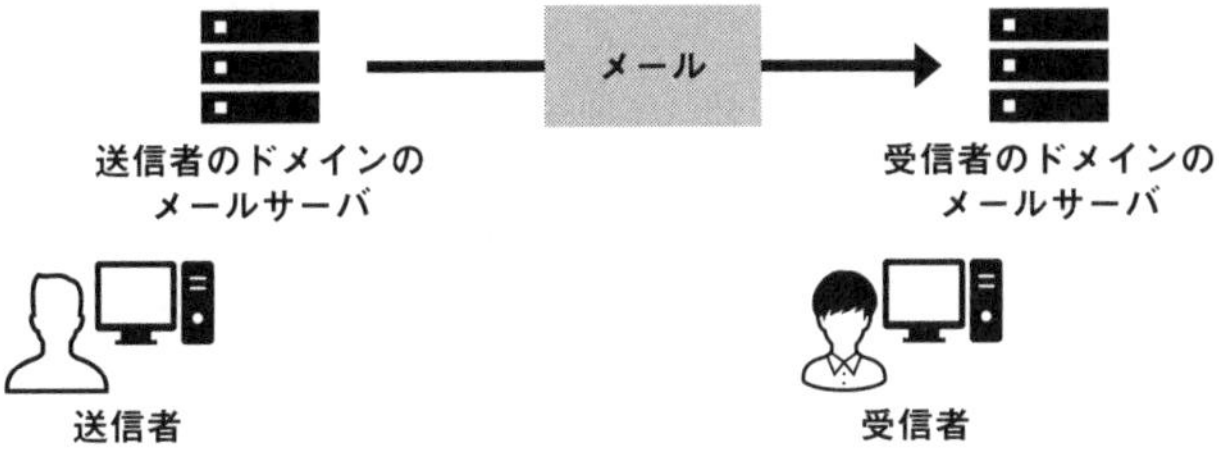
メール
送信者のドメインの
メールサーバ
受信者のドメインの
メールサーバ
送信者
受信者

図3-9

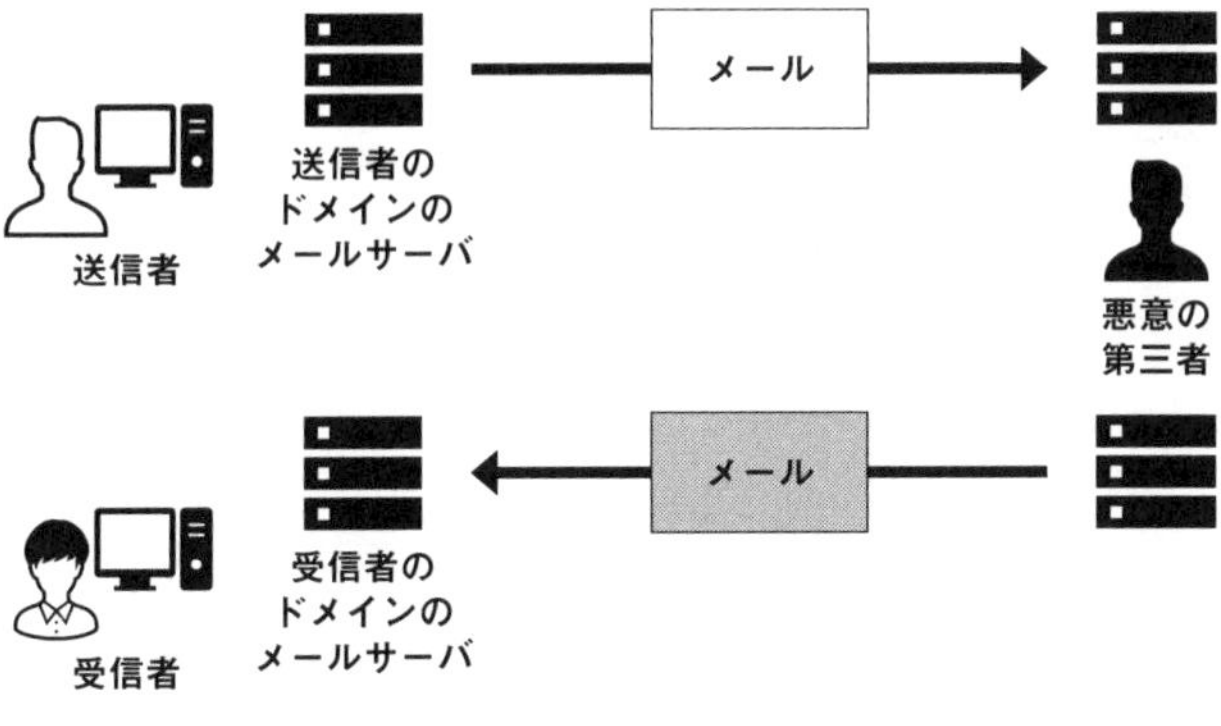
メール
送信者
送信者の
ドメインの
メールサーバ
悪意の
第三者
メール
受信者
受信者の
ドメインの
メールサーバ

図3-10

メールの本文を自分の都合のよいように書き換え、そこから作った（矛盾しない）ハッシュ値を、本文とともに耳をそろえて受信者に送ることができるので、受信者が本文からハッシュ値を計算して、改ざんが行われていないかチェックしようとしても、中継者である悪意の第三者の改ざんを見破ることができない。

共通鍵での対策

そこでさらに対策者は考えるのだ。どうやったら中間者攻撃のような方法にも対抗できるのかを。たとえば、インターネット上で秘匿性の高い通信をやり取りする場合のＶＰＮ（仮想専用線）では、ＭＡＣ（Message Authentication Code：メッセージ認証コード）という技術が使われている。

ＭＡＣでは、送信者と受信者があらかじめ同じ「鍵」を持ち合う。「鍵」といっても、デジタルデータである。英数字で構成された文字列だと考えたほうがわかりやすいだろう。もちろん、「送信者と受信者が遠隔地にいるのならば、そもそも『同一の鍵』をどうやって持ち合うのだ？」という問題が生じる。不特定多数かつ会ったこともない人と通信することも多いインターネットでは、この問題は深刻だ。しかし、この節での主題ではないため、ここでは割愛して、同じ鍵を持つことに成功したとしよう（鍵の問題は83ページより詳述する）。送信者と受信者で同じ鍵であるため、これを**共通鍵**と呼ぶ。2人だけの秘密にしておかないと意味がないため、**秘密鍵**と呼ぶこともある。ここでは2人が持つ共通鍵を「123456」としよう。

メールの本文が「明日10時ね」であるならば、そのハッシュ値は503520db31f6e59779d08fe7f9ae4661になる。

しかし、ここに共通鍵である「123456」をくっつけて、「123456明日10時ね」としてからハッシュ関数にかけ、ハッシュ値を得るのである。そう、ここでもハッシュが使われるのだ。ちなみにこの場合、ハッシュ値は9dca330b02c7f1e18384b8933b4242dbとなり、似ても似つかない数値となる。

その上で、「123456明日10時ね」から得たハッシュ値9dca330b02c7f1e18384b8933b4242dbと、「明日10時ね」という本文**だけ**を、メールで送る（図3－11）。間違っても、秘密の情報である共通鍵の「123456」をメール本文に加えたりはしない。

すると、仮に悪意のある第三者が中間者攻撃に成功したとして、メール本文の「明日10時ね」を、「来年10時ね」に書き換えたとしても、共通鍵を知らないため、「来年10時ね」からハッシュ値を作るしかない。ちなみにその値は「4ddc32ff8291fa4c9d81d18007886919」である（図3－12）。

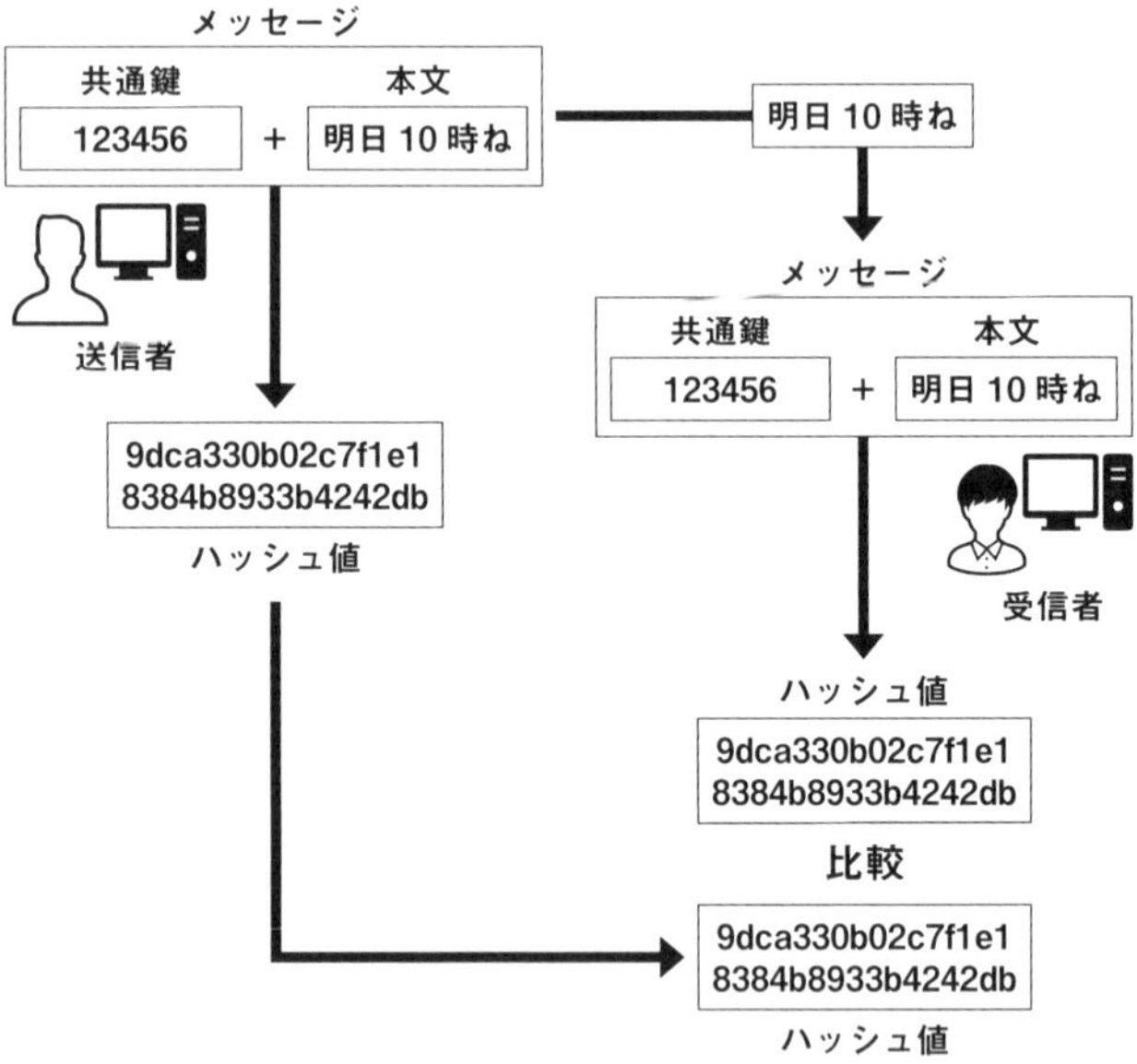
メッセージ
共通鍵
本文
123456
+
明日 10 時ね
送信者
明日 10 時ね
メッセージ
共通鍵
本文
123456
+
明日 10 時ね
受信者
9dca330b02c7f1e1
8384b8933b4242db
ハッシュ値
ハッシュ値
9dca330b02c7f1e1
8384b8933b4242db
比較
9dca330b02c7f1e1
8384b8933b4242db
ハッシュ値

図3-11

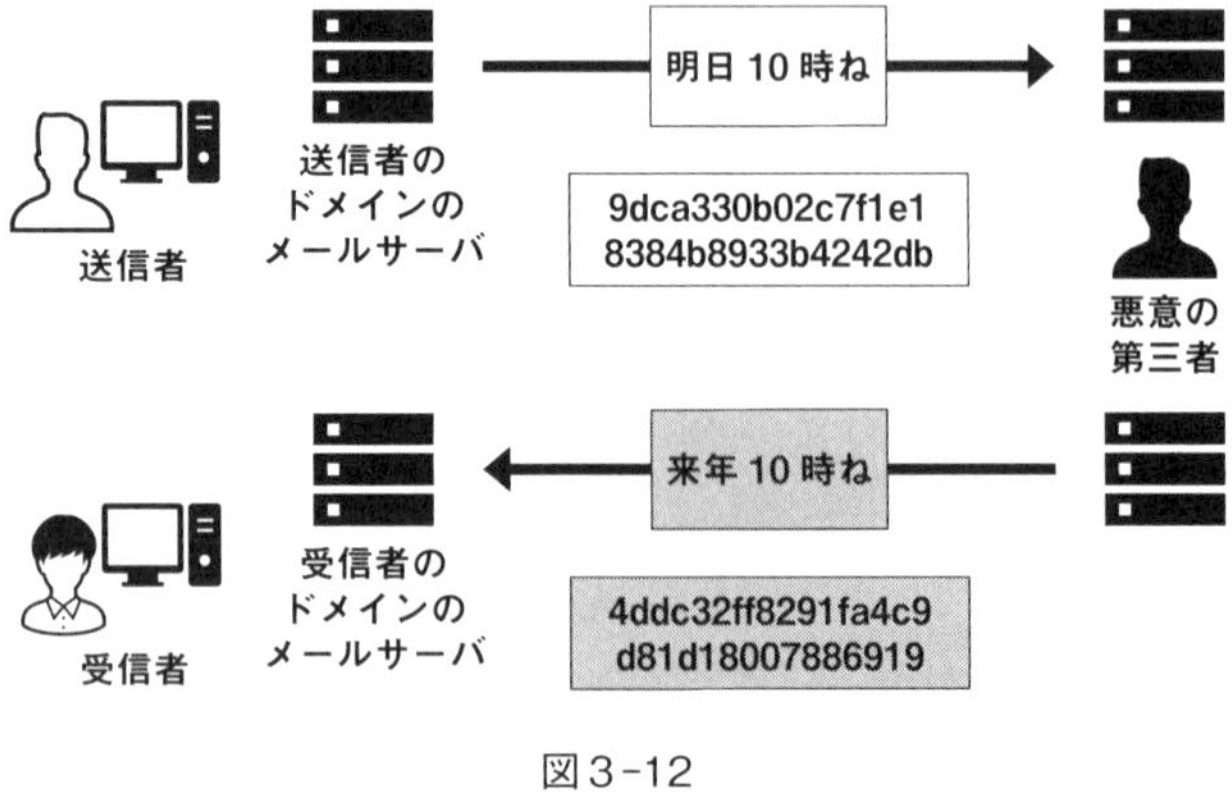
送信者
送信者の
ドメインの
メールサーバ
明日 10 時ね
9dca330b02c7f1e1
8384b8933b4242db
悪意の
第三者
来年 10 時ね
4ddc32ff8291fa4c9
d81d18007886919
受信者
受信者の
ドメインの
メールサーバ

図3-12

```
コマンド プロンプト
C:¥Users¥info>CertUtil -hashfile d:¥hogehoge.txt MD5
MD5 ハッシュ (対象 d:¥hogehoge.txt):
82c383989f92b2f0bb3129f1e90e2a95
CertUtil: -hashfile コマンドは正常に完了しました。

C:¥Users¥info>
```

図３-13

いっぽうで、このメールを受信した受信者が、まったく中間者攻撃に気づかなかったとしても、メールの検証をすれば、届いた「来年10時ね」（改ざんされている）に、自分が持っている共通鍵「123456」を足して、「123456 来年10時ね」という文章を作り、この文章のハッシュ値を計算することになる。

その値は、図３－13にあるとおり、「82c383989f92b2f0bb3129f1e90e2a95」である。これは、攻撃者が中間者攻撃を行うために作って送りつけてきた偽ハッシュ値「4ddc32ff8291fa4c9d81d18007886919」とはまったく違う。したがって、ＭＡＣが有効に機能すれば、受信者がメッセージの改ざんに騙されることはない。

ハッシュ関数は一方向性関数なので、ハッシュ値からもとのデータを推測することはできない。かつ、もとのデータに少しでも変更を加えれば、まったく異なるハッシュ値を生成する。そのため、共通鍵を知らない攻撃者は、もとのデータおよびそこから得られるハッシュ値の辻褄《つじつま》があうように改ざんすることができないのである。

3つの不正手段

さらに一歩進んで、デジタルデータに対して、「これは自分が作ったよ」とか、「自分が作った時点から変更されていないよ」といったことを証明するための技術として、**デジタル署名**がある。ここでもハッシュが使われているので紹介しよう。

一度作ってしまった文書を後から書き換えて得をしようという不正は、文字が使われるようになった歴史とほぼ同等の長さを持つ活動だと言える。不正なことを考えるときの人間というものは、きわめてアグレッシブでクリエイティブな思考に恵まれるものなので、不正の種類を数えはじめたらきりがないが、大きくは3つに分類することができる。

1：改ざん
2：なりすまし
3：事後否認

改ざんは文書を書き換えることである。「結婚の約束のはずだった文書が、いつの間にか借金の約束の文書に化けている」などはよくある事件だ。

なりすましは、他人のふりをして文書を作ることである。私自身、自分ではなくて、他人の名前で住宅ローンが組めたらどれだけ人生が楽になるだろうと夢想しない日はない。

事後否認は、あとになって「そんな文書は作っていない」とか、「文書は作ったものの、誰かが改ざんした」とか言い出すことである。「なりすましをされた」もこのバリエーションであろう。「この離婚届にサインしたのは、僕じゃない！」「このツイートをしたのは、私ではありません」は典型例だ。

なぜハンコが絶滅しないのか

人間は、こうした不正や不正の可能性に対して、**印章**で対抗してきた。ハンコを押すのである。「ハンコを持っているのは、本人だけである」ことを前提として、以下のように不正をただすのだ。

1：改ざんに対しては、「ハンコが押してあるけど、その後に消したり、上書きしたり、書き換えたりした痕があるよ」と言える。本人が行った訂正や削除、追記であればその上に訂正印が押されるはずなので、不正な改ざんだと主張できるのである。

2：なりすましに対しては、「ハンコが押してある」事実そのものが、「なりすましなどなかった」ことの証明になる。

3：事後否認に対しては、「つべこべいっても、ここにお前の判がついてあるのじゃ！」と、善良な商人から娘を奪い取る悪代官のような台詞すら発することが可能である。

ハンコの威力はかように強力である。人一人の人生が浮かびもするし、沈みもする。

これだけ社会インフラが情報化されても、未だに電子文書をわざわざ紙に印刷して、そこにハンコをつき、スキャナで再データ化してメールで送る、といった冴えないビジネスプロセスは健在である。

しかし、さすがにあまりにも効率が悪いし、諸外国はとっくに「署名はデジタル」に移行したところも増えてきたので、日本でもデジタル署名が少しずつ普及してきたし、中央省庁も普及させようと、努力はしている。

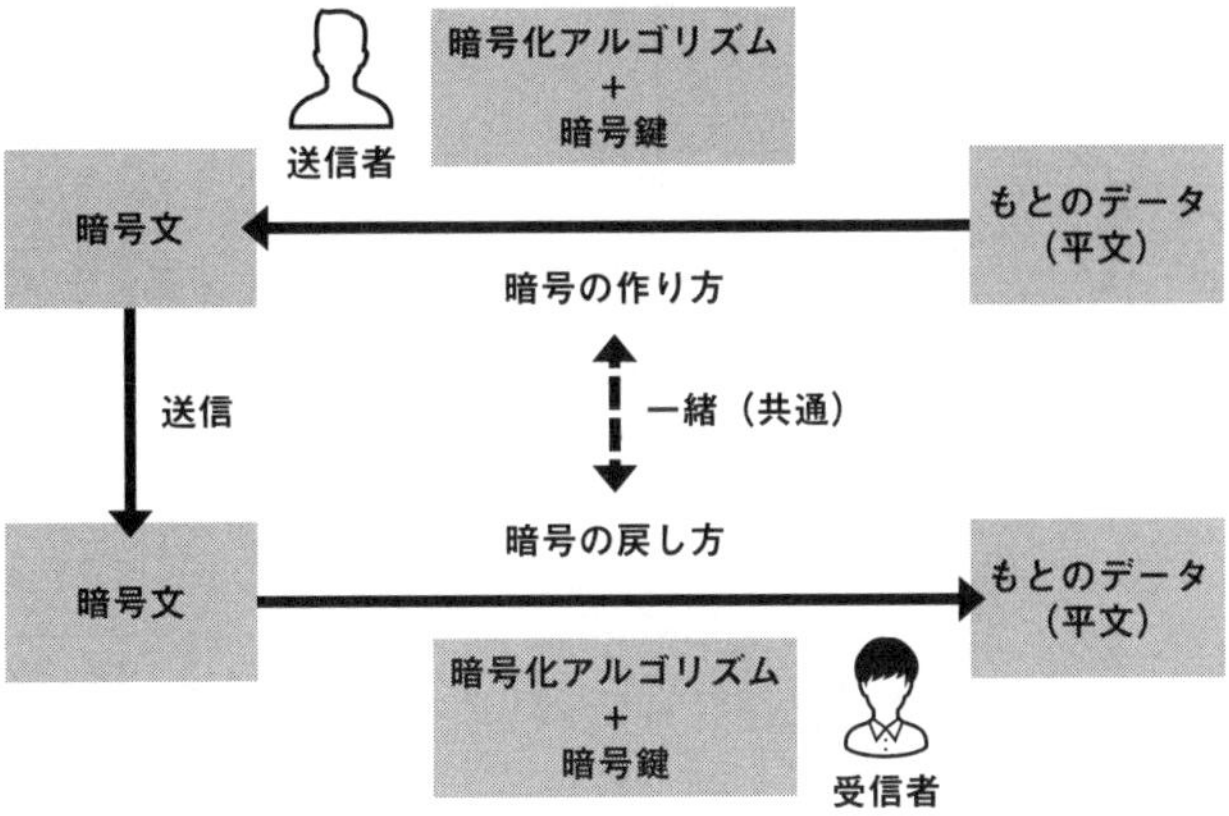

図3-14

共通鍵暗号の欠点

デジタル署名は、**公開鍵暗号**の技術を使っている。ハッシュやその先にあるブロックチェーンの技術を理解するために知っておいたほうがいいので、ここで解説しておこう。

まず基本となるのは、これまでにも出てきた**共通鍵暗号**である。これが暗号の基本で、「暗号の作り方」（暗号化）と、「暗号の戻し方」（復号）の手順が一緒の方法で、体感的にもとてもわかりやすい。A→Bとして暗号文にしたのであれば、B→Aとして復号すればよいのだ（図3－14）。

この方式は、暗号の作成と復号にきわめて重要な役割を果たす「鍵」が、暗号を作るときと、もとに戻すときで「共通」しているので、共通鍵暗号と呼ばれる。有史以来で最初の暗号としてよく引き合いに出される（実際には最初ではない）シーザー暗号もこの方式で、シーザー暗号を起点としても、人類は2000年以上もこの共通鍵暗号を使い続けてきたのである。

しかし、共通鍵暗号方式には2つの大きな欠点がある。

1：鍵数の爆発
2：鍵の配送問題

どちらも、政治や軍事などに使われる分には、さほど問題にされてこなかった。しかし、近年になって無視できない要素が登場した。インターネットである。インターネットで暗号を使いたいとき、この2つの欠点は致命傷になりかねないのだ。

共通鍵は使い回しもメール送信もできない

まず、共通鍵は使い回すわけにはいかない。その鍵を持っていれば、暗号を作ることも復号することもできてしまうのであるから、通信相手が増えるごとに新しい鍵を作って管理しなければ

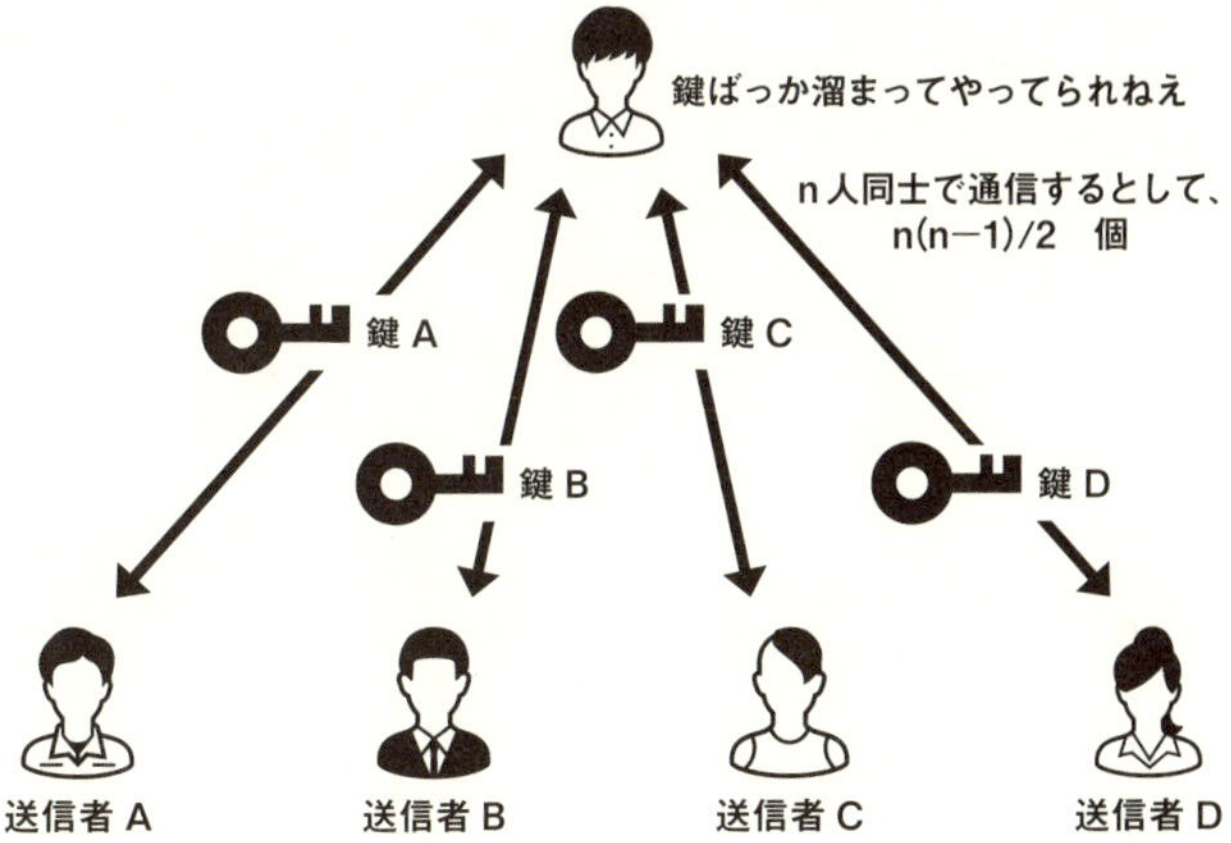

図3-15

ならない。その数はn人が参加するネットワークにおいて、n(n－1)/2個である。ベースはn×nという計算であるから、nの数が大きくなったときに、どれだけの鍵が必要になるかは容易に想像できる（図3－15）。

軍事組織であれば、そもそも通信相手がそんなに大量に（これまでの戦闘では）ならなかったし、その有り余るリソースを使って、こうした問題を力技で解決してしまうかもしれない。しかし、インターネットで個人商店が世界を相手に通販事業を行うような場合には、大きな問題としてのしかかってくる。

鍵の配送問題は、「共通鍵を持っていていいのは、暗号の送信者と受信者だけ」という前提に起因する。たとえば、送信者が鍵を作って、誰かに頼んで受信者に渡した場合、「配送を頼まれた誰か」が鍵を入手する可能性を排除できない。

だから、送信者と受信者がひとところに集まって一緒に鍵を作ったり、それこそ軍事組織であれば湯水のように資金を使って秘匿配送システムを作り上げればいいわけだが、インターネットではそうもいかない。会ったこともない、ネット上ですら初対面の人と暗号通信をしたいときもあるのだ。

鍵がデジタルデータだからといって、メールで送るわけにはには絶対にいかない。メールそのものを暗号化できれば話は別だが、そのメールを暗号化するための鍵を送ろうとしているのであるから、この段階ではまだメールは暗号化されていないことになる。そんな手段で共通鍵を送ってしまい、第三者に入手されでもしたら、以降の暗号通信は読まれ放題である。

書留郵便などの手段もあるにはあるが、インターネットの即時性と大量配信性には合わない。

公開鍵暗号というコペルニクス的転回

そこで出てきたのが、公開鍵暗号方式である。ポイントは、暗号のキモである鍵を、「暗号を作るだけの鍵」と「解読するだけの鍵」に分けたことだ。できあがったものを説明されれば、なーんだという話ではあるが、暗号業界にとってはコペルニクス的転回だった。

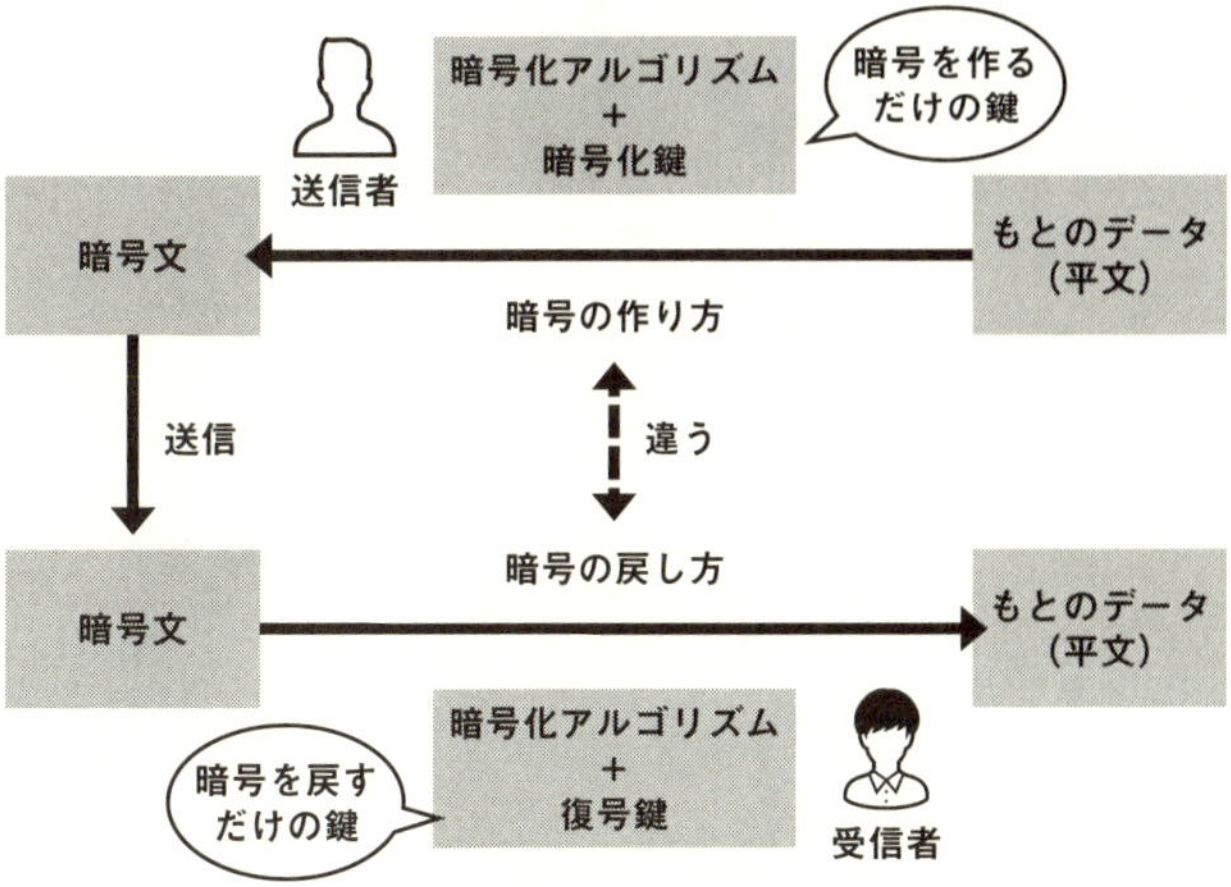

図3-16

公開鍵暗号では、鍵はペアになっている。暗号を作るだけの**暗号化鍵**（**公開鍵**）と、復号をするだけの**復号鍵**（**秘密鍵**）である（より正確に述べると、秘密鍵は公開鍵を含んでいる〈秘密鍵のほうが大きい〉。また、秘密鍵で作った暗号を公開鍵で解くこともできるが、公開鍵は公開するものなので、その使い方は暗号としての意味をなさなくなる。しかし、この特徴はデジタル署名に活用されている）。ペアになっている暗号化鍵が作った暗号文だけを、そのペアの相手である復号鍵は解くことができる。他人が勝手に作った復号鍵では、解読不能だ（図3－16）。

平たく言えば、暗号の作り方と戻し方が違うということである。違うのに、もとの平文を復元できるのは不思議な感じがするが、公開鍵暗号方式のポピュラーな1種である**RSA暗号**では「大きな数の素因数分解が困難である」という事実をベースにこの

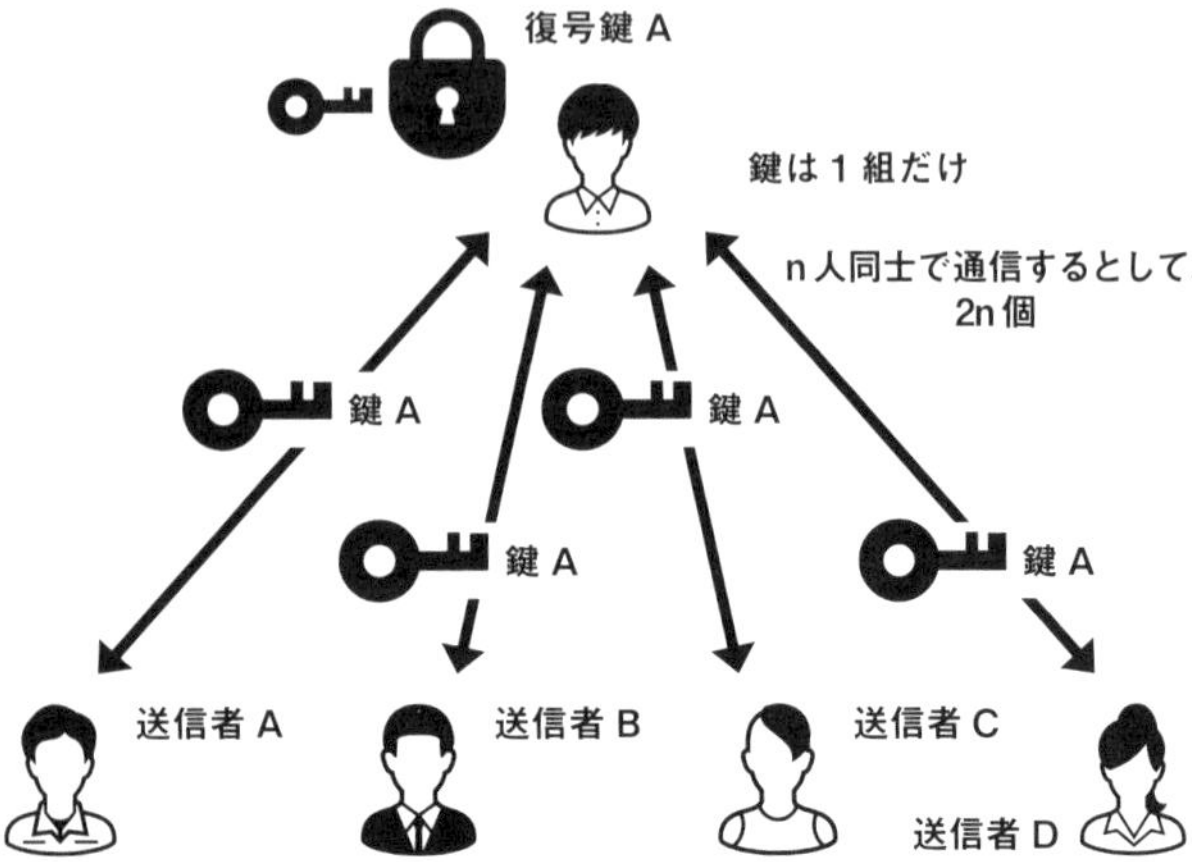

図３-17

方式を実現している。

劇的な鍵数の減少

そして、たったこれだけのことで、先ほどの2つの問題は解決してしまう。鍵数の爆発は、鍵の使い回しができなかったことに起因していたが、公開鍵暗号方式では鍵の使い回しが可能である。暗号を作ることしかできない暗号化鍵（公開鍵）は、複数の人に渡っても、そしてその中に悪意のある人が混じっていても、無害である。何せ、暗号を作ることしかできないのだから。暗号関係で、甚大な被害が生じるのは、読むべきでない人が暗号を解読して、読むべきでない情報に触れてしまうことである。暗号化鍵では、どう間違えてもそれは起きない。

したがって、同じ暗号化鍵を複数の送信者にばらまいていいのである。送信者Aと送信者Bは同じ鍵を持っているが、共通鍵暗号方式の鍵のように解読にも使える鍵ではないので、互いの暗号の秘密は守られる。

公開鍵暗号方式において、n人が参加するネットワークで必要とされる鍵の数は、その鍵がペアであることを考慮しても2n個である。n×nの形になっていた共通鍵暗号方式と比べて劇的に（特に参加人数nが大きな値になるときには）鍵数の減少が見込めることがわかる（図3-17）。

雑に配送していい

そして、この特性は鍵の配送問題も同時に解決するのである。共通鍵暗号方式において、鍵を不用意な手段で通信相手に送ることは御《ご》法度《はっと》であった。配送途中で第三者の手に渡ったら（少なくとも、その可能性が生じたら）暗号の安全性の前提が崩れるからだ。それもこれも、鍵が復号に使えることが原因である。

暗号を平文に復号できるというのは、立法と行政と司法の権限を同時に与えられたようなもので、その場におけるすべての支配権を持ったに等しい。だからこそ暗号の世界において、鍵を秘匿するのは絶対遵守事項だったのである。

しかし、公開鍵暗号方式の暗号化鍵（公開鍵）は、この超重要機能である「暗号の解読」ができない。暗号を作ることしかできないという、ある意味で能なしの鍵である。少なくとも、鍵を手に入れて暗号を解読してやろうと狙っている攻撃者にとっては役立たずの鍵なのだ。

役立たずなら、雑に扱ってもよいと考えるのは、情報の世界でも日用品の世界でも同じである。だから、暗号化鍵（公開鍵）はだいぶ雑に扱われる。むしろ、雑に扱ってよいというのが、この鍵の存在価値なのだ。暗号に使われる鍵であるにもかかわらず、メールで送ってもよいし、Ｗｅｂページで公開してもよい。だから「公開鍵」なのである。きわめて特徴的なので、公開鍵暗号の名前のもとにもなっている。あれだけ慎重に配送されねばならなかった鍵の秘匿問題を、無効化してしまったのだ。

もちろん、公開鍵暗号方式においても、復号鍵（秘密鍵）は厳重に秘匿しなければならない。これが流出してしまったら、暗号が暗号でなくなるのは共通鍵暗号方式と一緒である。

ペアの鍵は誰が作るのか

では、**Ｑ：暗号化鍵と復号鍵のペアは誰が作るべきであろうか？**　ここまでの知識でとけるはずである。

A：受信者

通信には2人の登場人物が出てくる。送信者と受信者である。暗号化鍵と復号鍵のペアは、技術的にはどちらが作っても構わないが、送信者が作ってはまずい。暗号を解読すべき復号鍵が送信者のところで完成してしまう。

解読したいのは受信者なのであるから、これを受信者に渡す必要が生じる。これでは、鍵の配送問題が解決しない。

また、ペアの鍵を作ってしまった送信者は、復号鍵を知っているわけであるから、仮に安全にこれを受信者に渡すことができたとしても、受信者は暗号化鍵の使い回しができない。作成者である送信者が手元に復号鍵を残していて、別の人との暗号通信を解読してしまう可能性があるからだ。だから、公開鍵暗号方式の鍵ペアを作るのは、受信者でなければならない。

デジタル署名のしくみ

デジタル署名の説明に入ろう。ここまで暗号の話をしてきたのは、デジタル署名に公開鍵暗号の技術が使われているからである。

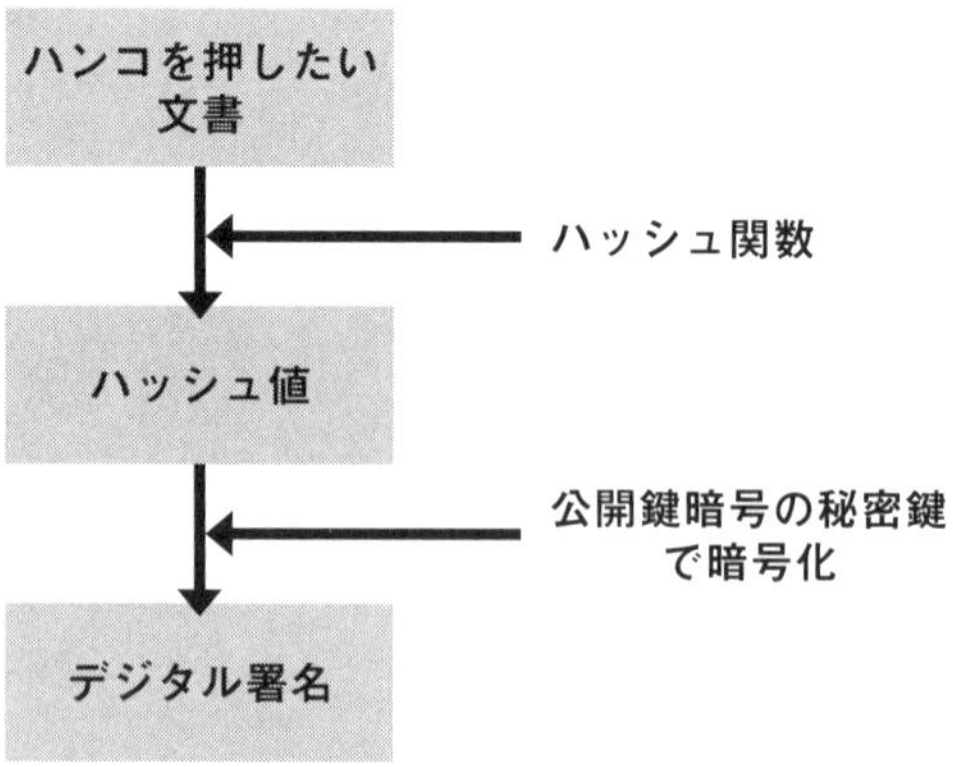

図3-18

まず、ここにハンコを押したいな、という文書を作る。便宜上、文書と言っているが、静止画でも動画でも、音声でもかまわない。デジタルデータであれば、何でも大丈夫だ。

このもとデータをハッシュ関数にかけて、ハッシュ値を得る。このハッシュ値を公開鍵暗号の暗号化鍵で暗号化するのだ。こうして作られた暗号文を、デジタル署名と呼んでいるのである(図3-18)。

デジタル署名の非常によくできているポイントは、公開鍵暗号方式のしくみが、そのまま使えることである。

具体的に言うと、送信者が鍵ペアを作る側になる。手元に秘密鍵を残し、公開鍵は公開してしまう。そして、秘密鍵で暗号化を行う。これが署名になるのだ。署名した文書をメールなどで送ると、受け取った受信者は公開鍵でそれを復号する。

先にも触れたように、秘密鍵で暗号を作ることも、公開鍵で復号することも本当はできるのだ。しかし、ふつうは絶対にやらない。だって、公開鍵はばらまくものなのだ。ばらまいた鍵で復号ができたら、暗号にならない。

だから、デジタル署名というのは、暗号のしくみを応用してはいるけれど、暗号とは似て非なるものである。この点は理解しておくべきである。

ではそんなことをして、どうして大丈夫で何が嬉しいのか。説明を続けていこう。

秘密鍵が重要なハンコになる

もとのデータとデジタル署名を受け取った受信者は、もとのデータをハッシュ関数にかけて、ハッシュ値を取り出す。

それと同時に、デジタル署名（ようは暗号文である）に対しては、復号を行う。送信者が公開鍵を公開しているので、それを使うことによって復号が可能なのだ。そうして復号して得られたデータは、やはりもとのデータのハッシュ値である。さきに自分で計算した「もとのデータから作ったハッシュ値」と同じものが出てくるはずなのだ（図３－19）。

これまでにも説明してきたように、ハッシュ値からもとのデータを再現することは（そのハッ

	公開鍵暗号	デジタル署名
公開する	公開鍵（暗号化に使う）	公開鍵（復号に使う）
秘密にする	秘密鍵（復号に使う）	秘密鍵（暗号化に使う）
盗聴	防止できる	され放題
本人確認	できない	できる

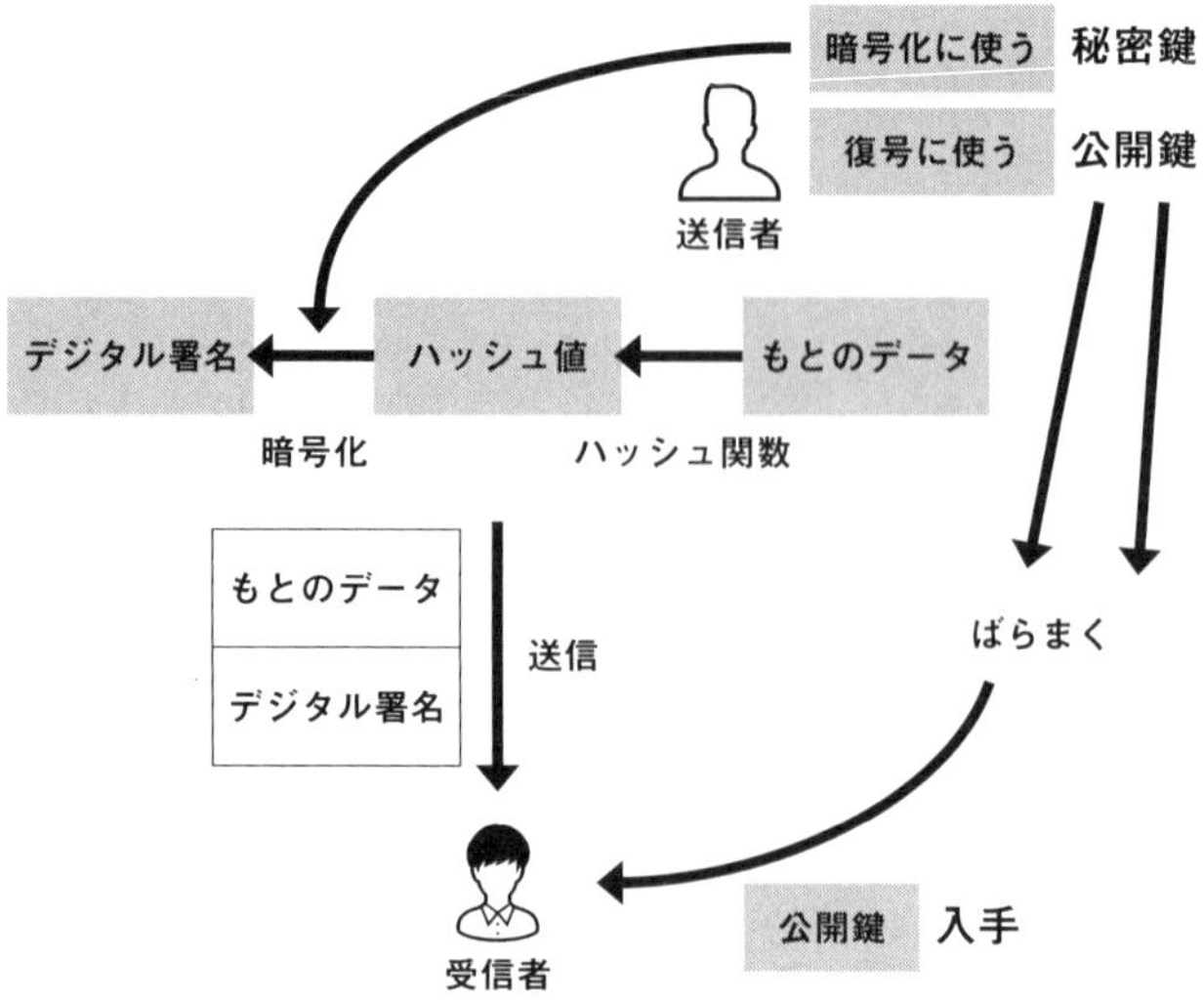

図3-19

（※ここではもとデータをそのまま送っているが、これでは当然盗聴のリスクがあるので、もとデータは別途暗号化する。説明がややこしくなるのと、デジタル署名の解説には直接関係しないので、その点は省いた）

シュ関数の欠陥が見つかって、危殆《きたい》化しない限りにおいては）事実上不可能である。悪意のある第三者が通信を途中で改ざんして、もとのデータを書き換えても、ハッシュ値を書き換えても、そこに矛盾が生じる。

唯一ありそうなのは、もとのデータもハッシュ値も、最初から両方とも偽物である場合だ。攻撃者が送信者のふりをして両方を送ってくるケースで、いわゆるなりすましである。

デジタル署名はそこにも対応しているのである。デジタル署名のしくみにおいて、ハッシュ値は、秘密鍵によって暗号化されて、デジタル署名になっている。そのため、ハッシュ値を取り出すためには、公開鍵を使って復号しなければならない。

この公開鍵は、前述の通りばらまかれてしまっているので、復号自体は誰にでもできるのであるが、ちゃんと復号できるのはペアになっている秘密鍵で暗号化されたハッシュ値だけである。公開鍵暗号の鍵は唯一無二のペア同士でしか、有効に機能しないのだ。

そしてこのとき、暗号化を行うための鍵は、送信者が絶対の秘密として、自分で管理している。世界中で、この秘密鍵を持っているのは、正規の送信者だけだ。したがって、公開されている公開鍵で復号を行ってハッシュ値を取り出し、そのハッシュ値が、もとのデータから作り出したハッシュ値と合致すれば、データは送信者本人が作ったもので、送信途中で改ざんされてもいないことが証明できる（図3－20）。

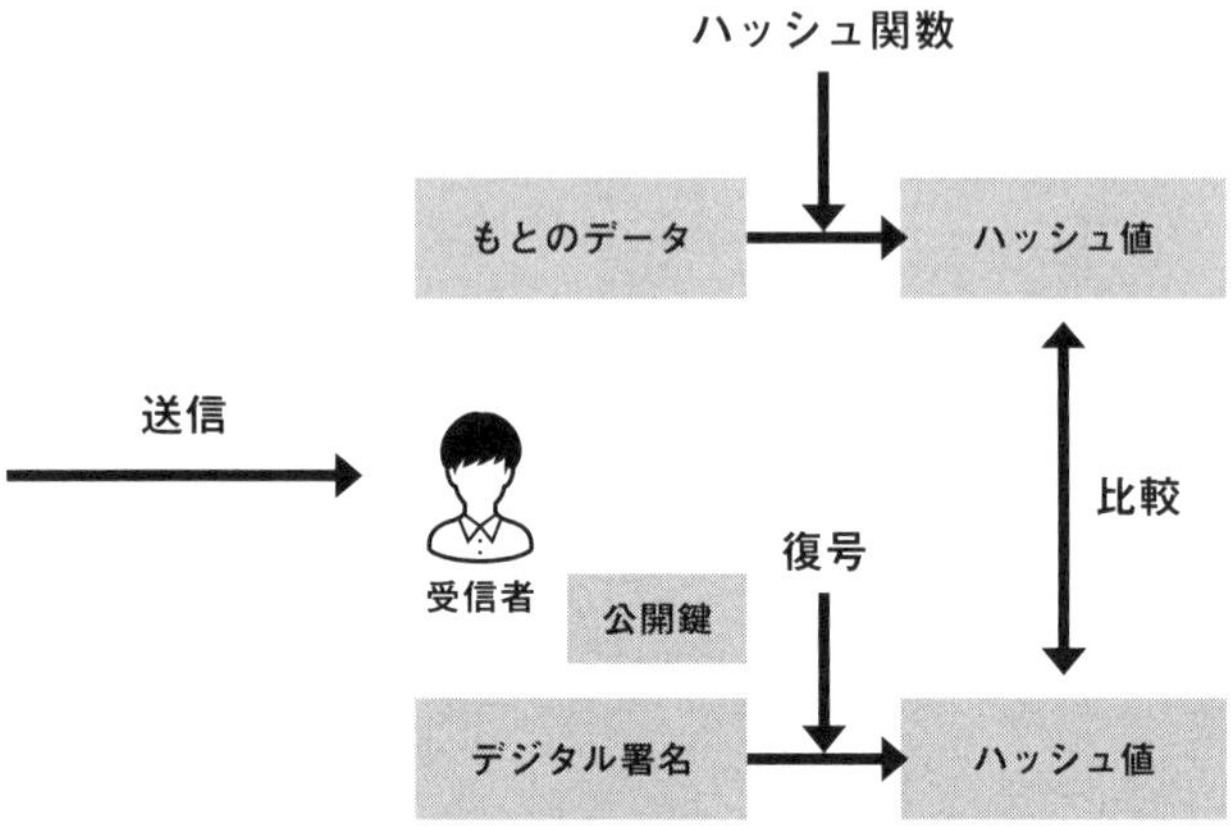

図3-20

悪意のある第三者が、偽の文章と、そこから作った嘘のデジタル署名を送ってきたとしても、正規の送信者の公開鍵でデジタル署名を復号したときに、辻褄《つじつま》があわなくなるからである。

つまり、デジタル署名は、現実世界におけるハンコと同じように、改ざん対策としても、なりすまし対策としても機能する。ハンコを代替できる技術である。

もちろん、これらができるのであれば、事後否認にも対応しているのは自明である。たとえば、詐欺を行おうとする人が、「あの借用書は私が書いたものではない。誰かがなりすましたのだ」と主張しても、そこにデジタル署名がしてあったとすれば、その署名は秘密鍵を持っている詐欺師本人にしかできなかったはずだからである。

デジタル署名は、MACと似ているが、少し違う。MACでは共通鍵でハッシュ値を作るので、鍵の配送問題が生じる点と、送信者の本人性確認ができない点が異なるのだ。

デジタル上の「印鑑登録」

このように、デジタル署名は本人確認を行うための、非常に強力な技術である。

しかし、欠点もある。現実の世界のハンコになぞらえて考えてみると良いだろう。たとえば、あるドキュメントに三文判が押してあったとして、そのドキュメントの信頼性はどのくらいだろう。何も押していないドキュメントよりはましかもしれないが、三文判は100円ショップですら買える。やろう、法律を犯してもいい、と決心すれば、いくらでも他人名義の文書が作れるだろう。

デジタル署名でも同じである。最初の最初から、標的とする人になりすまして鍵ペアを作り、「これが私の公開鍵です」といって公開鍵を配ってしまうのである（図3－21）。その後、もとのデータとデジタル署名が送られてきたとして、最初から秘密鍵も公開鍵もすべてが偽物であるから、復号して検証したとしても辻褄があってしまう。

この問題に対抗するために、**認証局**（CA：Certificate Authority）というものが考えられた。

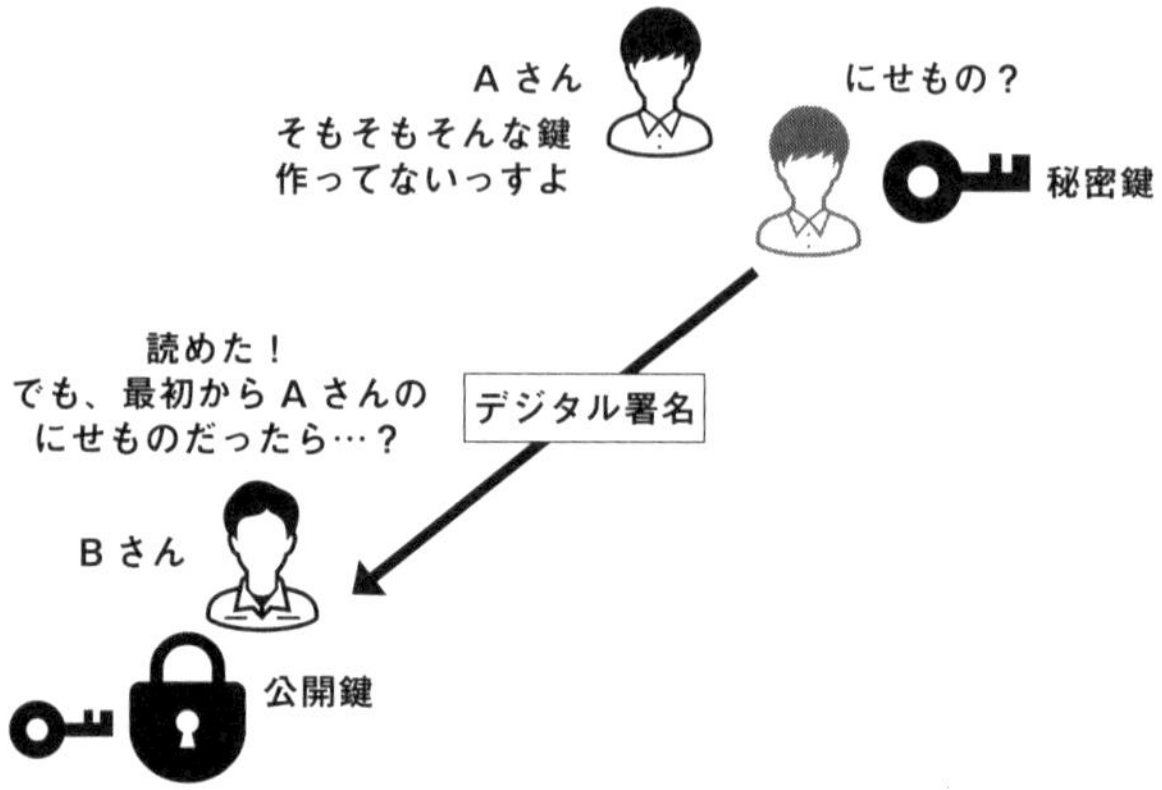

図3-21

これも、現実の世界になぞらえて考えると腑に落ちるだろう。私たちは住宅の購入といった高額な取引や大切な取引を、三文判ではできない社会システムを作っている。

こうした取引に使えるハンコは**実印**といって、役所に**印鑑登録**を済ませたものだけだ。印鑑登録をするためには、実際に役所に行ったり、本人性確認のための書類を提出したりする必要があるので、本人以外の人が本人を騙《かた》ってハンコを使ってしまう余地をなくせるのである。

認証局は、この役所の印鑑登録機能を切り出したような機関だ。特に役所でなければいけないわけではなく、日本においても多くの民間企業が認証局業務を行っている（もちろん、役所でもやってくれる）。

考え方としては印鑑登録と同じだ。自分のデジタル署名がちゃんとしたものだと証明したい利用者

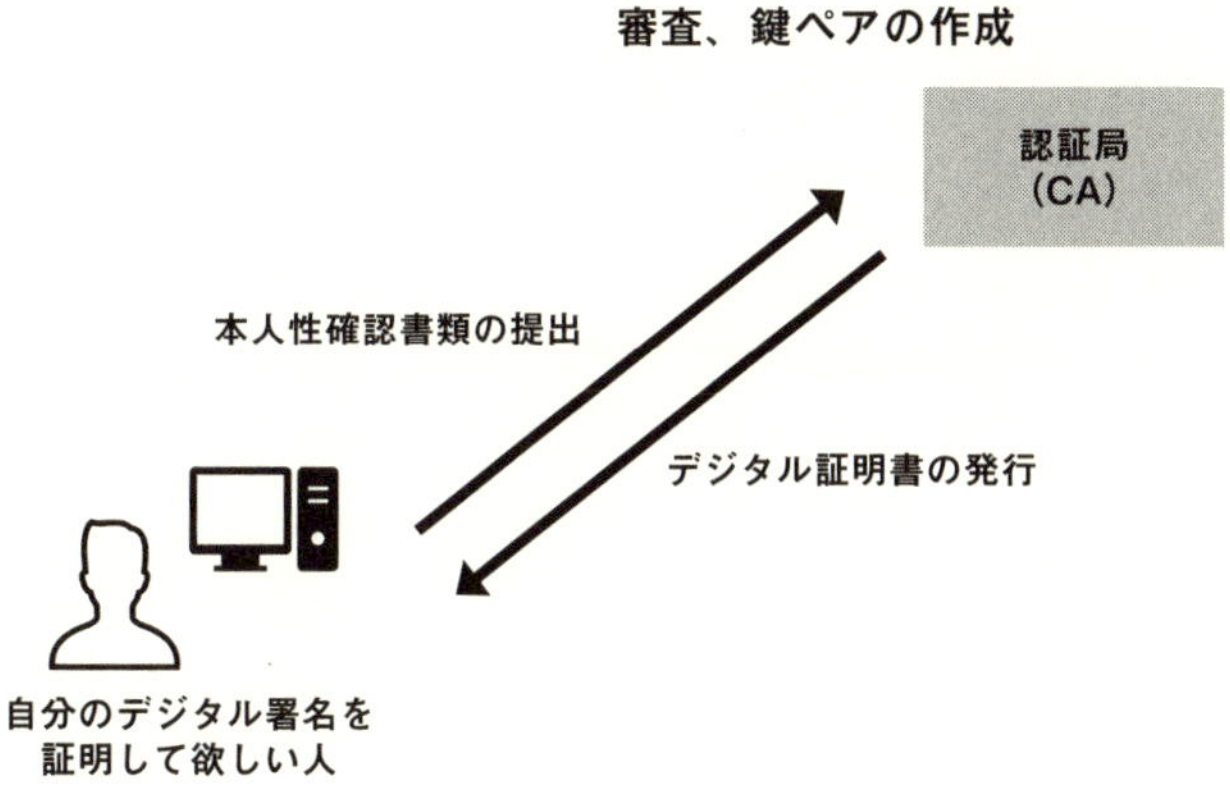

図３-22

は、認証局に対して公的な企業情報や有価証券報告書、会社定款《ていかん》などを、鍵ペアと一緒に提出する（鍵ペアは認証局に作成してもらうこともできる）。認証局はこれらの情報をもとに会社の実在性などをチェックして、申請者（申請社）本人に間違いないと確認すれば、デジタル証明書を発行することになる（図３－22）。

デジタル証明書の書式は世界的に決まっていて、次のようなことが書かれている。

デジタル証明書の発行者
デジタル証明書の有効期間
証明する対象は誰か（主体者）
主体者の公開鍵
デジタル証明書に対する認証局のデジタル署名

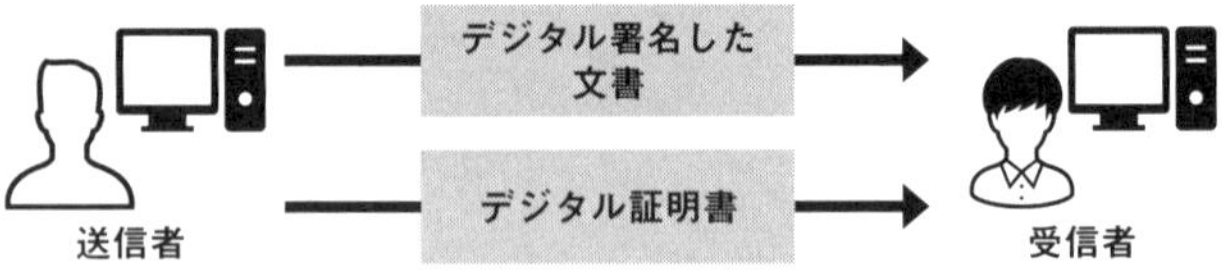

図3-23

この中に主体者（自分のデジタル署名を証明して欲しい人）の公開鍵が含まれているので、主体者はこれを受信者に渡す。

上位の証明機関もある

デジタル証明書は、ようは送信者の公開鍵なのであるが、単純に公開鍵を送るのと異なるのは、認証局のデジタル署名が施してある点だ（図3－23）。つまり、認証局の秘密鍵で暗号化されているので、認証局の公開鍵を入手して復号しないと、送信者の公開鍵が取り出せない。

認証局は、本人確認などが取れた信頼できる公開鍵にのみデジタル署名を施しているはずなので、この時点で送信者本人の信頼できる公開鍵であることが確定する。

もちろん、疑おうと思えば、その認証局自体が偽物なのでは？　とか、認証局の公開鍵が偽造されているのでは？　といくらでも疑える。

そのために、デジタル証明書を使おうとする人は、なるべく著名で信頼ある認証局を利用しようとする。また、著名な認証局、影響力のある認証局であれば、受信者がわざわざ自分で公開鍵を取得しなくても、ブラウザなどにあらかじめ公開鍵（デジタル証明書）がインストールされていることがある（図3-24）。

では、認証局のデジタル証明書はいったい誰が証明するのだ、という疑問が生じるが、著名な認証局は業界団体を作り、厳しい審査基準を自らに課すことで、自分自身を証明している。こうした頂点に位置する認証局のことを**ルート証明機関**という。そうでもない認証局は、ルート証明機関に正当性を保証してもらうので、**中間証明機関**である。

単に公開鍵暗号やデジタル署名の技術だけでなく、認証局のようなしくみまで作って、社会全体のデジタルデータの安全性を向上させているわけである。こうしたしくみ全体を指して、**公開鍵基盤**（PKI：Public Key Infrastructure）という。

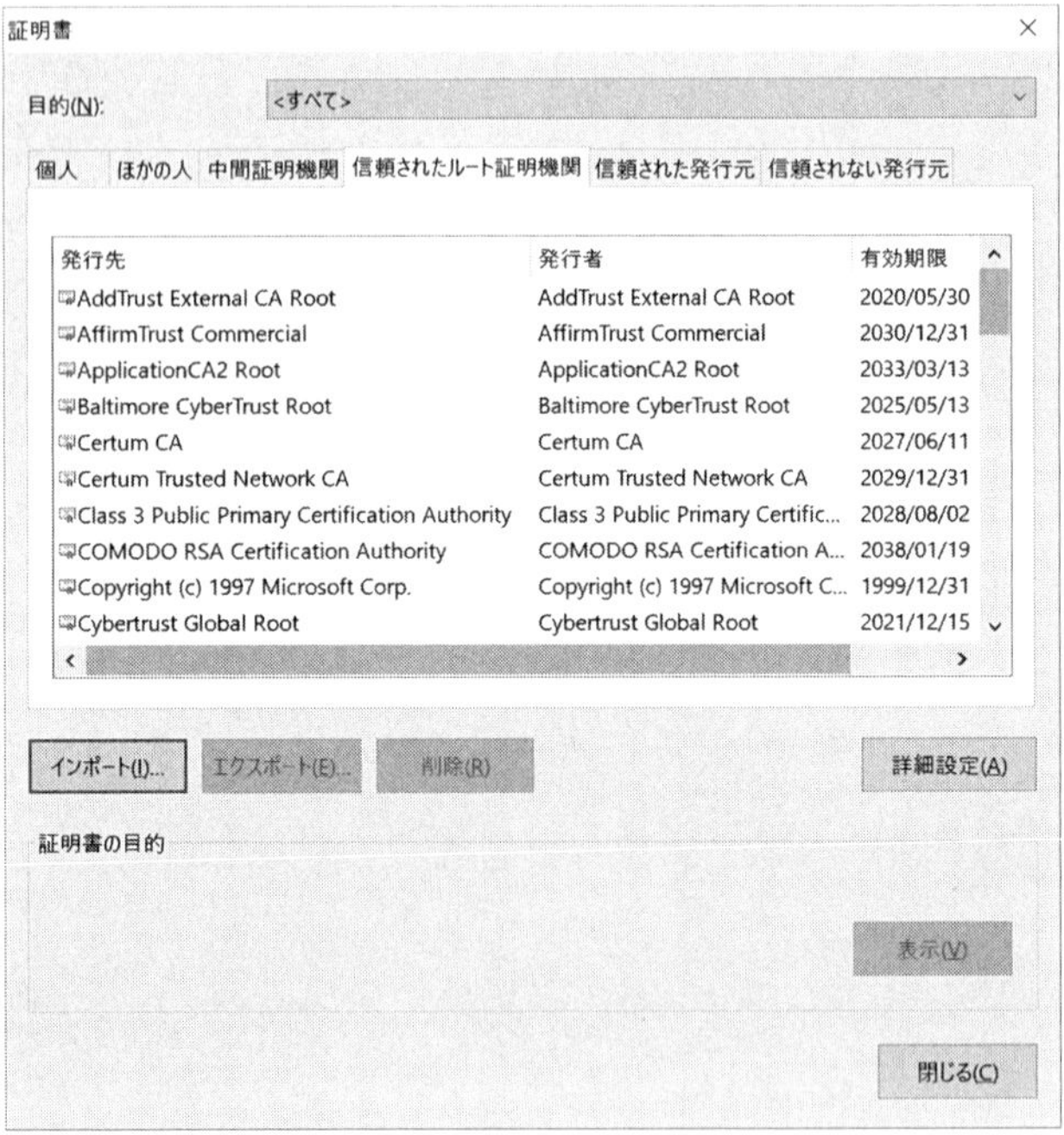

図3-24　ブラウザにインストールされた認証局のデジタル証明書

タイムスタンプ

本章の最後に、「そのデータがいつ作られたのかを証明する技術」である**タイムスタンプ**を解説しよう。

タイムスタンプとか時刻認証とか、**タイムビジネス**という分野は今ひとつ日本では盛り上がっていないのだが（欧米ほど契約社会でなかったり、未だに紙書類信仰や現金信仰が強かったりすることと相関している）、ある文書が「少なくともこの時点では存在していた」ことの証明は、時として非常に重要である。

たとえば、生命保険の保険証券を考えてみよう。その発行日時が数分違っただけで、億単位のお金が支払われたり支払われなかったりするのだ。数億円など、人の命の値段ほどの金額である（生命保険だから実際そうだが）。公文書と、その効力が発効／失効する時間は、それほどに重要である。

社会インフラが、紙文書至上主義の強い日本ですら徐々に電子化されていくなかで、あるデジタルデータがいつ作られ、発効したのかを証明するタイムスタンプはきわめて重要な技術であり、その重要性は今後増すことはあっても減ることはない。

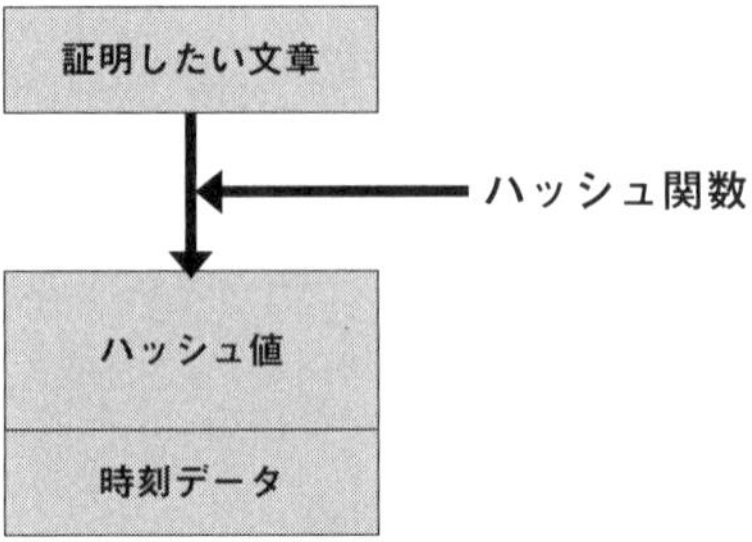

図3-25

このタイムスタンプ技術にも、ハッシュが使われている。ハッシュ関数やハッシュ値は、改ざんや破損の検知に本当に相性がよく、広汎に使われていることを示すよい証拠だろう。

タイムスタンプにどうハッシュが使われているか、確かめてみよう。まず、ある時点で存在していたことを証明するドキュメントを用意する。「今日お金を借りたよ」という文章にしよう。この文章のＭＤ５ハッシュ値は、「158ed85ac523c7e40d79312fd7a9c8df」である。

このハッシュ値に、現在時刻の2018/08/18 17:50を足して、「2018/08/18 17:50 158ed85ac523c7e40d79312fd7a9c8df」という第2文章を作ろう。

図3－25が最もシンプルなタイムスタンプである。この文章はいつ作ったのだという情報を、その文書自体に含めるのである。しかし、誰もが思うよ

うに、この方法には2つの巨大な欠陥がある。

1：悪意のある第三者（あるいは当事者）によって、いつでも時刻データの書き換えが可能であること

2：悪意がなかったとして、時刻データが正確であるとは限らないこと

タイムスタンプは、この問題に対処するしくみである。タイムスタンプを使う場合、**TSAとTAA**という2つの機関が必要になる。

TSA（Time Stamping Authority）はタイムスタンプを押してくれる機関である。時刻証明をして欲しい企業や個人のもとめに応じ、時刻証明が必要なデータにタイムスタンプを押す。

TAA（Time Assessment Authority）は正確な時刻の配信を行う機関である。ここでいう正確な時刻とは、ミリ秒レベルの精緻さのことで、原子時計やGPSなどを使って算出され、配信されている。

TSAがTAAから正確な時刻の配信を受ける、という関係だが、TSAとTAAの運用母体が同一で両者を兼ねているケースもある。

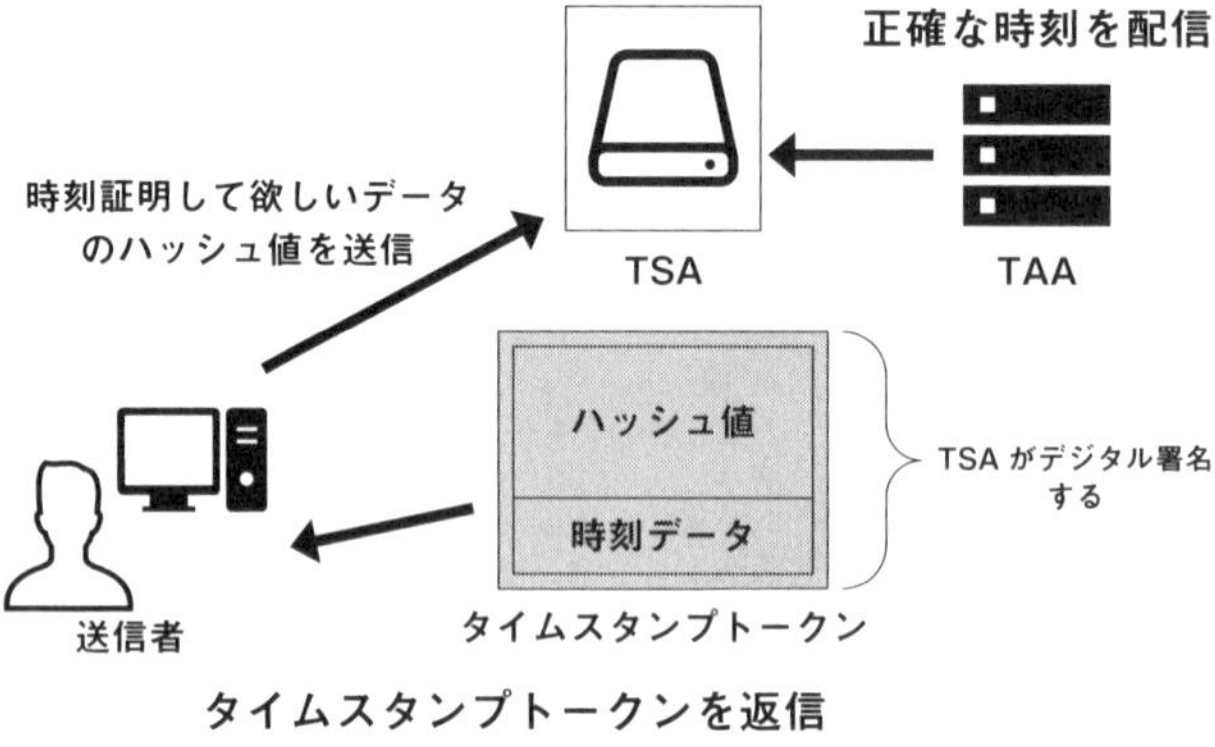

図3-26

時刻を検証するプロセス

ＴＳＡやＴＡＡによって、「正確な時刻」に関しては信頼できるデータを生成できる。あとは、改ざん対策である。そこでまたハッシュが出てくるわけである。

あるデータに対して時刻証明をして欲しい人は、そのハッシュ値を作ってＴＳＡに送信する。するとＴＳＡはそこに時刻データを付加して、**タイムスタンプトークン**と呼ばれるデータを作る。これこそが、もと文書が「ある時点に存在していたことを証明する」データとなる（図３‐26）。

ここでハッシュ値を使うことは、インターネット上にもとデータを流して漏洩《ろうえい》してしまうリスクをなくすと同時に、ＴＳＡに対する牽制にもなる。仮に

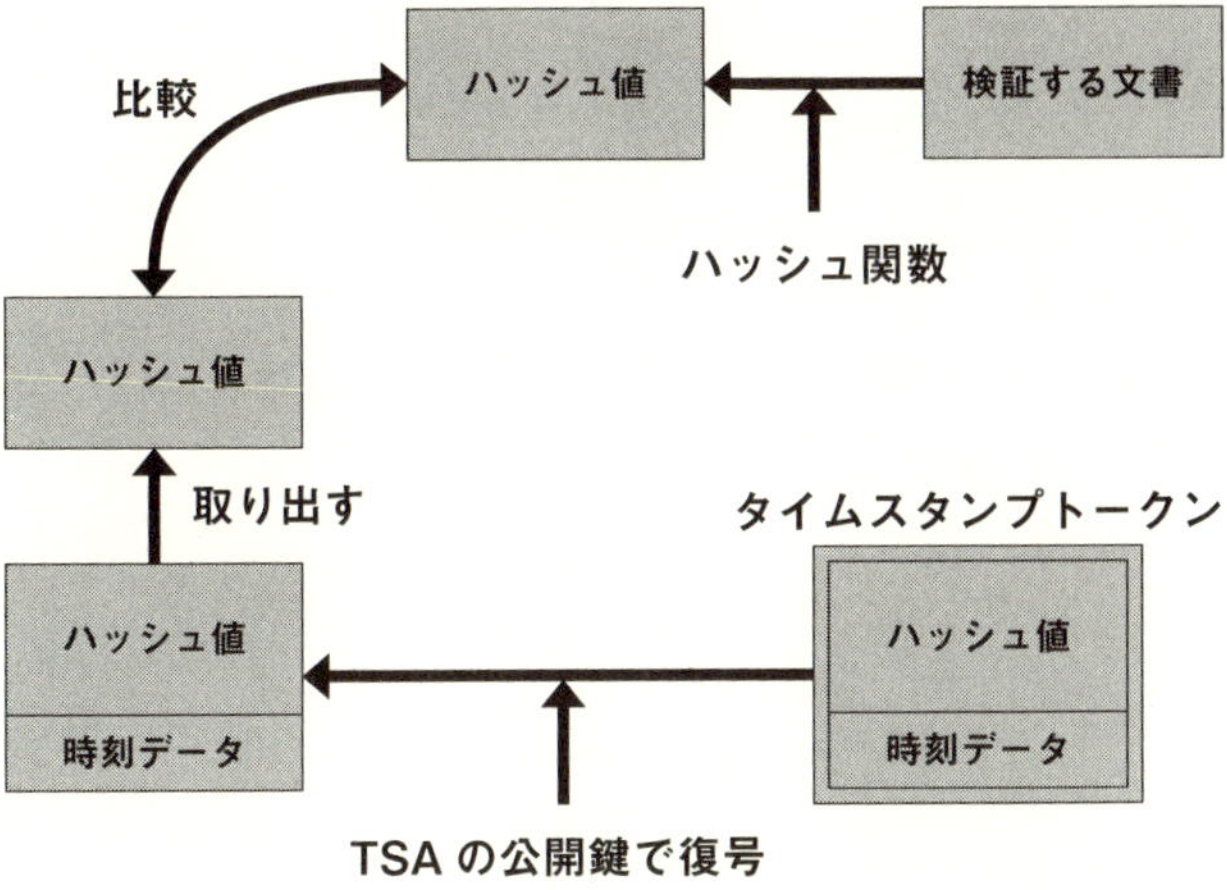

図3-27

データを悪用しようと考えるＴＳＡがあったとしても、送られてくるのはハッシュ値であるので、もとデータを類推することはできず、悪用できないのである。

ただし、これだけでは先ほどのデータと同じで、誰かが時刻データ部分を書き換えることはできてしまう。そこで、ＴＳＡは自分の秘密鍵を使って、タイムスタンプトークンにデジタル署名を施す。

悪意のある者が、あとから時刻の内容を書き換えてやろうと思っても、ＴＳＡの公開鍵で復号できる正規のタイムスタンプトークンを作るためには、ＴＳＡの秘密鍵が必要になるのである。ＴＳＡが秘密鍵を厳正に管理している限りにおいて、これは不可能である。したがって、タイムスタンプトークンの信頼性が確保されるわけである。
もとデータの時刻を検証したいときには、次の手順を踏めばよい（図3－27）。

1：検証対象のもと文書をハッシュ関数にかけ、ハッシュ値を導く。
2：タイムスタンプトークンを、TSAの公開鍵で復号し、ハッシュ値と時刻データを得て、そこからさらにハッシュ値だけを取り出す
3：2つの経路で得られたハッシュ値同士を比較し、合致していれば、TSAがタイムスタンプを押したときにはその文書は存在していたし、タイムスタンプを押して以降その文書に変更は加えられていない。

いくつかの例で見てきたように、インターネットにはさまざまな攻撃手法があり、その対策としてハッシュが使われている。さまざまな脅威に対して、ハッシュで対応できることがおわかりいただけたと思う。
そして本書の主題であるブロックチェーンもまた、そうした技術の一つなのである。

第4章

不正できない構造が連鎖していくしくみ

ビットコインに先行する技術

この章では、ブロックチェーンとはどういう技術であるのか、どんなしくみで動き、何が得意で何が不得意なのかを見ていこう。

説明の前に確認しておくが、ブロックチェーンとはビットコイン固有の技術ではない。ビットコインのアイデアの中にブロックチェーンが含まれていて、その有用性が認められた結果、ブロックチェーンの部分だけが抜き出され、活用されている——と考えられていることも多いが、ブロックチェーンの発想と実装は1990年代からあった。ビットコインの登場より10年以上前のことである。

ブロックチェーンの実態は、「ブロック状にまとめられたデータが、数珠《じゅず》つなぎに接続されてチェーンを形成しているもの」だ。

ただし、それだけだと、図4-1のようなデータの連鎖もブロックチェーンになってしまう。これは、いま市場で注目を集めているブロックチェーン技術でも、これから読者が理解しようとしているブロックチェーンのことでもないだろう。

したがって、以降の説明はブロックチェーンが世界的に活用されるきっかけとなった、ビット

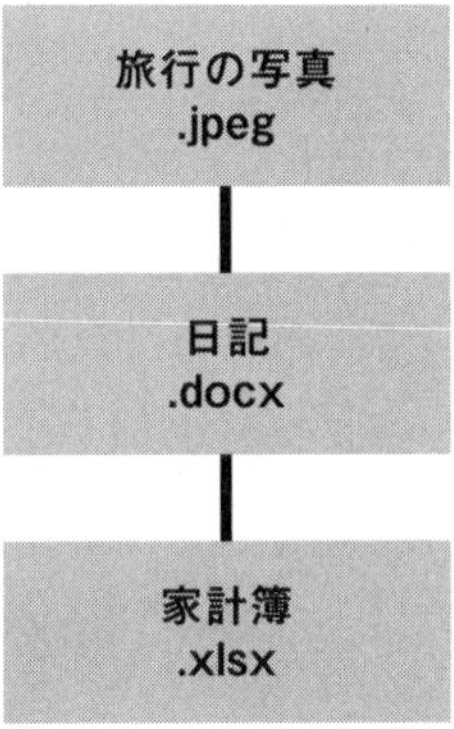

図4－1

コインでの使われ方を基本として展開していく。もちろん、現時点ではブロックチェーンはビットコイン以外の暗号資産でも、暗号資産以外の分野でも広く利用されているので、個々の技術では別の構成へと変化しているものもある。

個々の技術の詳細を知りたい場合には、**イーサリアム**ならイーサリアムの、**モナコイン**ならモナコインの技術書を読んでいただくとして、ここではブロックチェーンの中核がどんな要素で構成されているのかを考える。

また、後に続く章では、ブロックチェーンの暗号資産以外への転用も取り上げているが、これについてもブロックチェーンの核の部分の理屈さえわかっていれば、転用をするべき案件や転用を躊躇《ちゅうちょ》すべき案件の判断ができるようになるだろう。

データベースとしての3つの特徴

ブロックチェーンはデータベースである。データベースは、データを保存し、改ざんや消失がないよう保管し、必要なときに読み出したり消去したりするシステムである。大量に存在するデータから、条件に合致するデータだけを抜き出したり、演算処理によって今あるデータから新しいデータを生み出したりすることもある。

データベースにはさまざまな種類がある。データの高速な読み書きに力点を置くのか、自然災害や操作ミスでも消失しないことが第一目標なのか、1人に対してだけサービスすれば良いのか、世界にまたがって不特定多数の人にサービスを提供する必要があるのかなどによって、どのデータベースシステムが良いのかは異なる。

万能のデータベースは未だ存在せず、何かを犠牲にすることで、必要とされる機能や性能を伸ばしているのが実情である。

その中で、ブロックチェーンの特徴は、次の3つに集約することができるだろう。

1：分散型データベースである

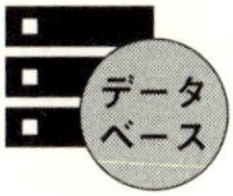

図4-2

２：非中央集権型である
３：書き込み専用・改ざん困難である

分散させるための条件

　1つめの**分散型データベース**から説明していこう。

　最もシンプルなデータベースの形態は、1台のサーバで運用する図4-2のようなものだ。

　しかし、システムの規模や利用者数が増大していくと、いずれこの形態には限界が来る。100万人のアクセスに1台のサーバが応えられるとは思えないし、このサーバが日本に設置されているとして、アメリカやヨーロッパからのアクセスが増えれば、データを閲覧させることの遅延が生じたり、無駄な通信料金が発生したりするかもしれない。

　そこで、1つのデータベースを、複数のサーバ上で稼働させた

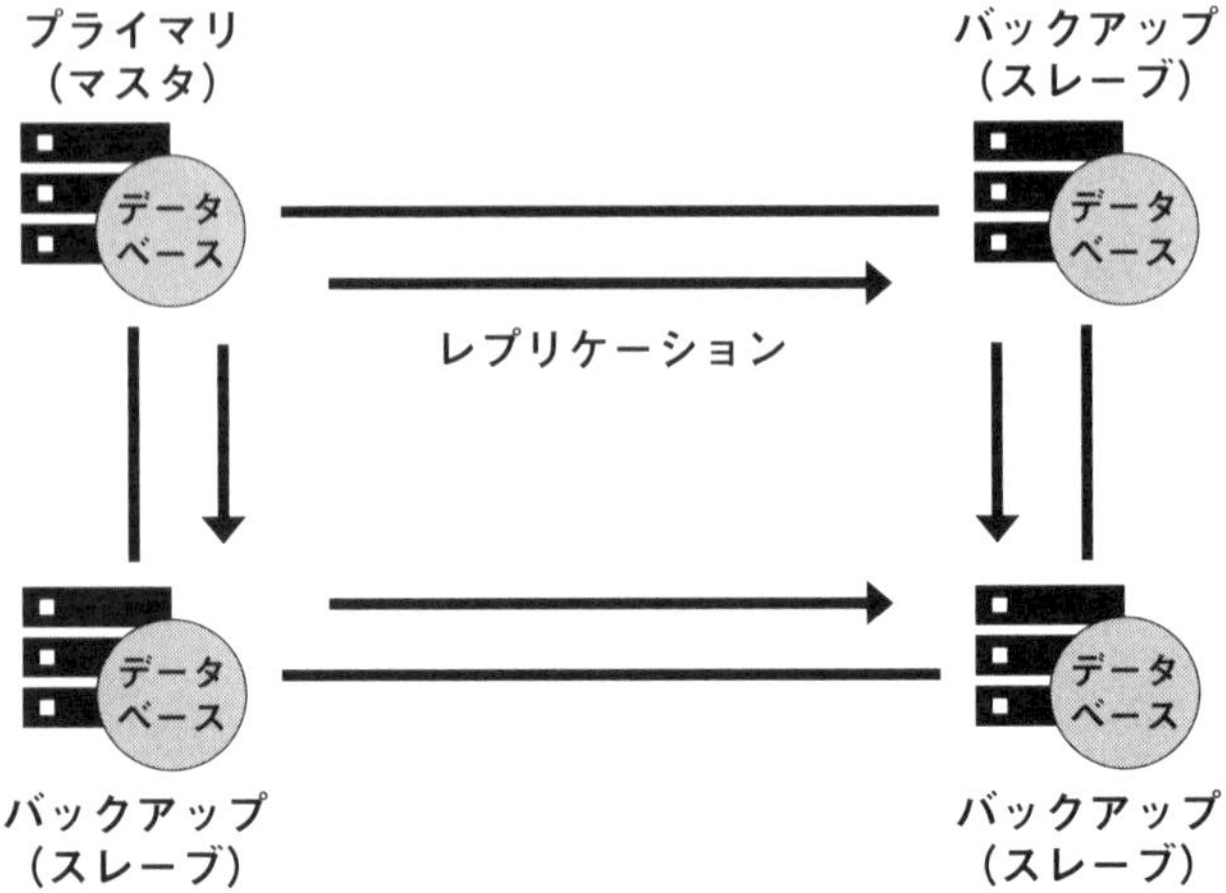

図4-3

り、そのサーバを地理的に分散させたりする処置がとられる。これが分散型データベースである。

複数台に分散させたことで性能の向上が見込め、また1台のサーバが故障しても、データを失う確率を低くすることができる。地理的に分散させるならば、自然災害などで一地域が甚大な被害を被ったとしても、データベースを止めずに運用することすらできるだろう。

実際にこうした強いニーズは以前からいくらでも存在していたので、分散型データベースというのは従来型の技術によって、いまも世界中で運用されている。

分散型データベースは、たとえば図4－3のような形で運用されている。サーバ同士がデータを交換し、複製を作る（**レプリケーション**）ことで、すべてのサーバ上に同じデータを置くのである。

レプリケーションを行う場合の条件は、データの完全性である。

データは本当に重要な要素だ。極端な話、ＰＣが壊れても、別のＰＣを買ってくればよい。いくらでも同じ状態に復旧することができる。しかし、データが壊れてしまうとそうはいかない。

身近な例で考えてみても、大切に撮りためていた写真データや、書き連ねていたポエムの文書データが壊れたり、失われたりすると、それを取り戻すことはできない。どこにも売っていないものだからである。泣こうが喚《わめ》こうが、もう戻ってはこないのだ。

したがって、データの扱いはきわめて慎重に行う必要がある。データベースは完全性にとてもうるさい。それが個人用のデータベースであっても、である。一度でも使ったことのある人は、ワープロや表計算ソフトを使うのに対して、ずいぶん使いはじめるまでの準備に手間がかかった記憶があると思う。

単一障害点をなくせるか

そのため、オリジナルのデータを保存する**プライマリサーバ**（**マスタサーバ**とも呼ぶ）を決め、そのコピーを**バックアップサーバ**（**スレーブサーバ**とも呼ぶ。スレーブは奴隷の意味）へと転送する。各バックアップサーバが、勝手に新しいデータをどんどん更新して、データに矛盾が発生するのを防止するためである。そのため、全体としては何台ものサーバがあるものの、利用者から見ると1台のサーバで運用されているのとかわりがない。

もちろん、この方式では利用者数や運用されるデータ量が増えてくると、プライマリサーバの処理能力が全体のボトルネックになってしまう。そのため、（管理は複雑になるが）複数のプライマリサーバを設置する**マルチマスタ型**を採用することもある。

しかし、どんな場合においても、データベースシステムが「オリジナルデータ」を認識していて、それがどこにあり、どう変更されようとしているのかを、完全に把握していることにかわりはない。

これは表現をかえれば、「データは各サーバが分散して持っているものの、データの台帳はプライマリサーバが握っている」ということを意味する。後述することになるが、ブロックチェーンでは、個々のデータが台帳情報を持っているのだ。ここは決定的な違いである。

ブロックチェーンのしくみであれば、いわゆる**単一障害点**（SPOF：single point of failure）がなくなるのが、大きな特徴である。単一障害点とは、そこが故障すると全体の動作に支障を来すポイントのことで、先ほどの中央集権的なシステムであれば、プライマリサーバが単一障害点になる可能性が高い。

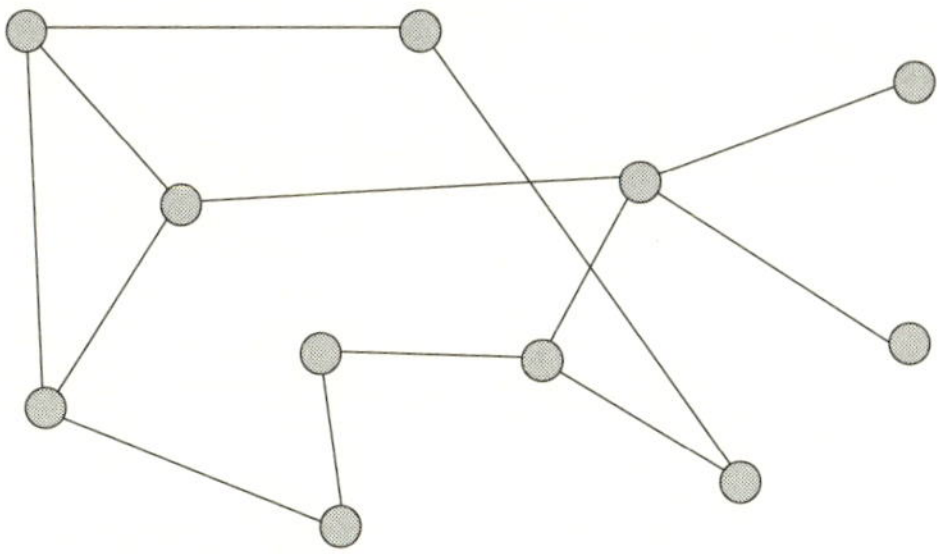

図4-4　P2Pのイメージ

Winnyのすぐれたシェア機能

では、ブロックチェーンがどのようにデータ分散をしているかを、見てみよう。ブロックチェーンの通信形態はいわゆるP2P（Peer to Peer）である。先ほどのプライマリ／バックアップ（マスタ／スレーブ）と対置される考え方で、誰かが偉くて誰かがそれに従うという関係がなく、すべての参加コンピュータは対等な関係にある（図4-4）。

参加するコンピュータは個人のものであっても、国家機関のものであってもよく、リアルの世界の貴賤にかかわらず、やはり対等な関係が構築される。

P2P型の接続で、データ交換を行うというと、人によっては一昔前のWinnyを思い出すかもしれない。Winnyはファイルのシェアや掲示板機能を提供するシステムで、その特徴が匿名性の高さにあったため（実際には、高い匿名性ではなかったが）、児童ポルノなどの違法ファイル交換に積極的に利用された。その点がこのシステムの不幸だったと言えるだろう。

個々のＰＣが対等に相互接続され、あるＰＣにあるデータを誰かが欲している場合、そのデータを転送することができる。すぐれたシェア機能を持つシステムだった。

ただし、Winnyの場合は、各ＰＣは台帳を持つものの、データは完全にばらばらだった。ＰＣ－ＡにはデータＡがあり、ＰＣ－ＢにはデータＢがあるといったイメージである。データＢが欲しい場合、台帳によってＰＣ－Ｂにそれがあることがわかるので、WinnyがＰＣ－Ｂからそれをダウンロードしてくるのである。

これがブロックチェーンになると、すべてのＰＣにすべてのデータが配布される。これは何を意味するだろうか？　少なくとも用途は変わってくる。

動画データをやり取りできない理由

たとえばWinnyでは、動画ファイルが人気コンテンツだった。自分のＰＣの指定したフォルダを、Winnyのネットワークに参加する人に公開するかわりに、他の人のＰＣからもファイルがもらえる。人気のあるファイルをスムーズに配布するために、自分が本来持っていなかったファイルが、自分のPCに置かれる（キャッシュされる）ことはあったが、それも全体のデータ量から見ればごく一部のデータを置いてあげるだけである。

しかし、ブロックチェーンで同じことをするのは難しいだろう。いくらWinnyが最も流行した時代と、今のコンピュータ、ネットワークの性能が桁違いであったとしても、である。もしブロックチェーンで動画や音楽のコンテンツを配布しようとすると、とんでもない量のデータが個々のPCに潜り込んでくることになる。

動画コンテンツのデータ自体をブロックチェーンのブロックの中に入れ込むことはできない。もし動画コンテンツの配信などにブロックチェーンを使うのなら、そのコンテンツの真正性を証明する手段として使ったり、コンテンツを購入したときの取引情報の記録に利用したりすることになるだろう。そして、動画コンテンツ自体は、ブロックチェーン以外の何か別の技術を使って配信することになる。

そう、いま言われているブロックチェーン技術は、あまり大きなデータを格納することはできない。そのすべてをブロックチェーンの各参加コンピュータに配布するのも、保存しておくのも大変なことになってしまう。

いま、ブロックチェーンが使われているとされるサービスを見まわしても、それは明らかだろう。暗号資産や個人認証で使われるデータは短いテキストデータで、動画データに比べれば誤差と言ってよいほど小さなデータである。

ビットコインのブロックに含まれる取引情報（一つ一つの取引を**トランザクション**と呼ぶ）など、極端な話、送信者と受信者、送られたビットコインの量しか書かれていない。トランザクションの情報を10分ぶん集めて、一つのブロックにまとめるのだが、ブロックサイズの上限は1MBとされている（取引が多いときは、10分の間に1MB以上のトランザクションが発生し、待ちが生じる）。

だから、ビットコインの各ブロックは、たとえばスマホで撮った高精細写真が数MB〜十数MBになる現状を鑑《かんが》みると、「とても小さい」といえる。

小さいデータでも、数珠つなぎが続くと…

それですら、将来的にはデータが大きくなりすぎて、処理が滞《とどこお》る可能性が指摘されている。いま、ビットコインのネットワークで流通しているブロックチェーンは、ビットコイン最初期からのトランザクションをすべて含んでいるため、データがどんどん肥大化しているのである。

個々のトランザクションが微々たるもので、それが数千集まっても1MBほどにしかならないビットコインでも、システム稼働直後からのすべてのデータを記録し、そして消さない（それがブロックチェーンの特色である）となれば、塵も積もれば山となるのである。実際、すでに2018年段階でビットコインのブロックチェーンのデータ量は100GBを超えている。廉価なスマホでは保存しきれないほどのデータ量である。

微々たる取引データでもそうなのであるから、「改ざんされずに流通させるため、ブロックチェーンに動画を記録しよう」といった使い方は、現時点ではほぼ不可能である（動画ファイルなどのハッシュ値をブロックチェーンに記録させる運用は考えられる）。

信用できないからこそ意味がある

では、なぜ使いはじめた最初のデータから今に至るまでのデータをすべて数珠つなぎ（チェーン）にして、流通させ続けなければならないのだろう。どこか適切な場所でブロックを分断すれば、ネットワークにかかる負荷も、コンピュータにかかる負荷も抑制することができるのに。

実は、ここにブロックチェーンの第二の特徴である、**非中央集権型**である点がかかわってくる。非中央集権型、すなわち誰も偉い人がいないシステムを実現するために、長い長いブロックの連鎖が必要なのだ。

一つ確実に言えるのは、「単純に処理効率を考えれば、中央集権型のシステムのほうが優れている」ということだ。独裁者の治める国が、次々と果断な政策を断行していけるのに対して、民主主義を標榜《ひょうぼう》する国が、なかなか物事を決められないのに似ている。

だから、ブロックチェーン技術を積極的に導入・活用するとしたら、既存システムの提供元が信用できない場合に効果がある。ブロックチェーンの凄《すご》みは、参加者全員の間に何の信頼もないネットワークでも、信頼できる取引や決済ができるしくみを生成できる点にある。参加者全員が互いに憎み合っていたとしても、弾かれる計算結果や、記録される取引情報は信頼できるものになる。

したがって、既存の銀行が十分に信頼できると考えるならば、銀行機能をブロックチェーン技術で置き換えるのはあまりいいアイデアではないかもしれないし、財務省の決裁文書生成過程や保管体制を信用できないと考えるならば、これらの文書を作って保管しておくしくみとしてブロックチェーン技術を使うのは、よいアイデアかもしれない。

中央集権型のデータベース（図4－5）では、データの書き換えや消去を、管理権限を持つ人が「うん」と言えばできてしまう。すべてのデータが管理者のもとに集約されているし、管理者はそれに対する管理権限も持っているのだから、当然といえば当然のことである。

それに対して、**ブロックチェーン型のデータベース**（図4－6）では、秘密裏にデータを書き

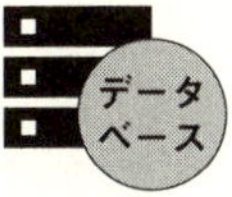

図４-５　中央集権型データベース

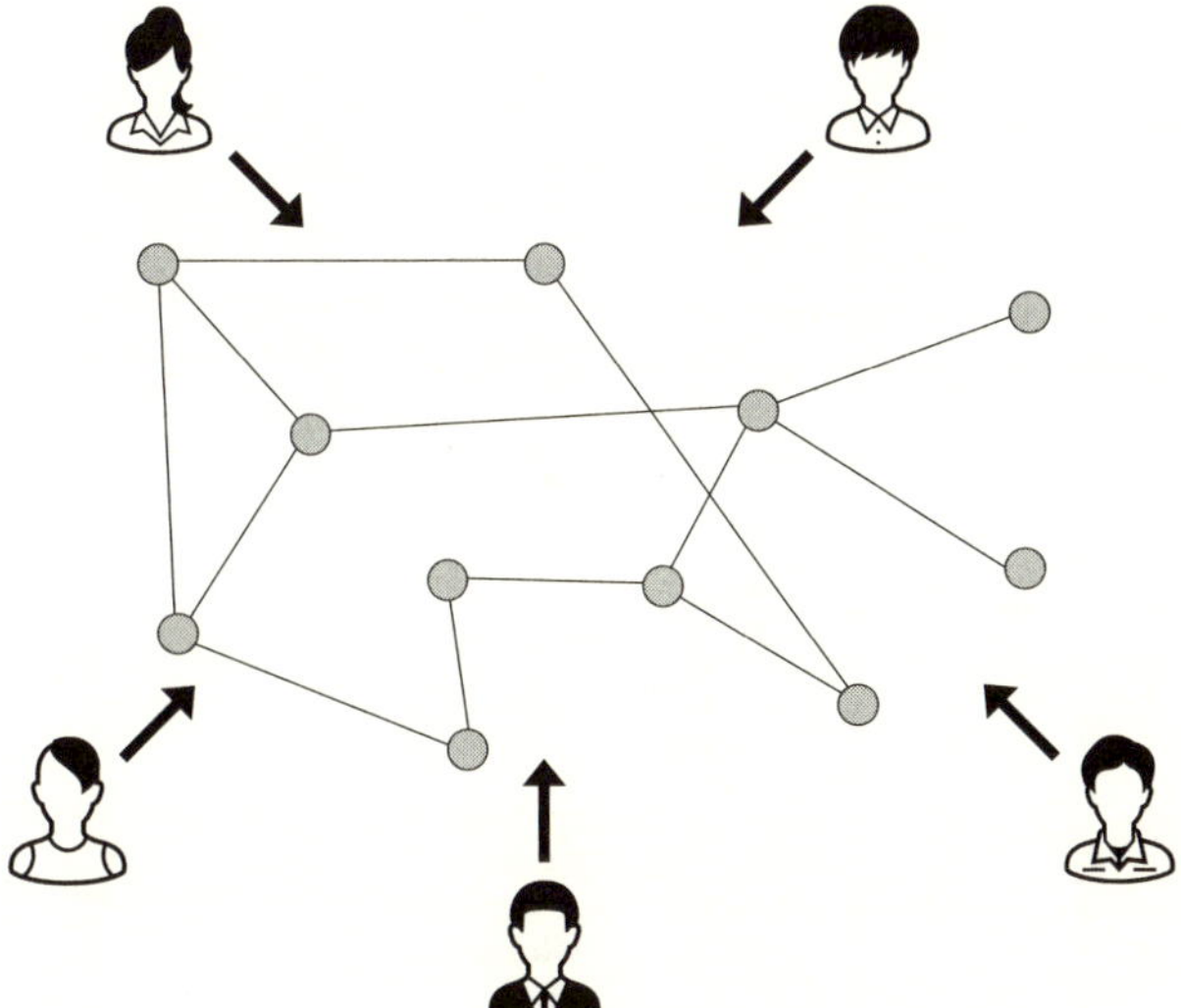

図４-６　ブロックチェーン型データベース

換えることがとても難しい。参加者全員に対してデータが配られているし、「特定の誰か偉い人」がいるしくみではないので、強権を発動して有無を言わさずデータを書き換えることもできないからである。

個人のPCでもビットコインに接続できる

しかし、誰も偉い人がいないしくみで、何かを決定する（この場合は、新しいデータを追加する）のはとても困難なことに思える。ブロックチェーンは、どんなロジックや手順を用いてこの問題を解決しているのだろう。

実際にビットコインを例に取りながら、ブロックがどのように追加されていくのかを見ていくことにしよう。

まず、前提として、そのブロックチェーンが流通するＰ２Ｐのネットワークが存在している必要がある。現在ではさまざまな形式があるものの、このネットワークには誰でも参加できるのが基本だ。もちろん、ビットコインのような著名なシステムにも、個人のＰＣを接続することが可能である。追加された一台一台のコンピュータは、ネットワーク上では**ノード**と呼ばれる。インターネットでも、一台一台のコンピュータのことはノードと呼ぶから、聞き慣れている方も多いだろう。

自分のＰＣをノードとしてビットコインのネットワークに追加すること自体は、面倒ではあるものの難しくはない。ふつうのアプリケーションソフトウェア（アプリ、もしくはソフト）を使うのと同様に、アプリをダウンロードして、インストールし、動かせばよい。

ビットコインの場合は、https://bitcoin.org/ja/download　でアプリが配布されているので、ここからアプリをダウンロードしてきて（図４－７）、インストールし（図４－８）、起動すればよい。そうすると、Ｐ２Ｐネットワークで配布されているブロックチェーンのデータを取得しはじめる。手順としてはそれだけである。

ただし、ビットコインはすでに巨大なシステムに育ってしまったし、利用者も多いので、サービス開始直後から延々と数珠つなぎになっているブロックチェーンのデータ量は、他の類似サービスと比べると桁違いに多い。ちょっと興味本位でダウンロードおよびインストールすることは、よい体験にはなると思うが、あまりお薦めはしない。最初にブロックの全体を取得するのには時間がかかる上、補助記憶装置の容量や通信機器の帯域のかなりの部分を使ってしまうことになるだろう。

もっとも、こうなると気軽に参加することができなくなってしまうため、ビットコインではすべてのデータを持つノード（**フルノード**と呼んで区別する）にならなくても、Ｐ２Ｐネットワーク

bitcoin
紹介
リソース
革新
参加する
よくある質問
日本語
ビットコイン・コアをダウンロード
Bitcoin Core 0.17.0.1
Windows
我慢が必要です
ビットコイン・コアの初期同期には長時間かかります。完全なブロックチェーン・サイズ(65GB以上)に十分な帯域幅とストレージがあることを確認してください。トレント・ファイルのダウンロードの仕方をご存知なら、ソフトウエアを始める前に、bootstrap.dat (ブロックチェーンの以前のコピー) をビットコイン・コア・データ・ディレクトリーに入れることで、このプロセスを短縮することが出来ます。Read the full node guide for details

図４－７

Bitcoin Core (64-bit) Setup
Choose Install Location
Choose the folder in which to install Bitcoin Core (64-bit).
Bitcoin Core
Setup will install Bitcoin Core (64-bit) in the following folder. To install in a different folder, click Browse and select another folder. Click Next to continue.
Destination Folder
C:¥Program Files¥Bitcoin
Browse...
Space required: 44.0MB
Space available: 101.6GB
< Back
Next >
Cancel

図４－８

に参加できるようになっている。もちろんその場合、すべてのデータの検証などはフルノードに依存することになる。そうなると、自分がデータの検証に参加できるというブロックチェーンの特性を失うことになる。

累積取引回数は10億回？

では、それほどまでに巨大になったブロックの連鎖は、どのように育っていくのだろう。

連鎖である以上、最初のブロックがあったはずだ。ビットコインであれば、連鎖の先頭にある最初のブロックがＰ２Ｐネットワークに放たれたのは、２００９年1月3日である。

ブロックチェーンとは、過去のデータがすべて数珠つなぎになったものが流通し続けるものなのだから、今でもこれを確認できるはずである。自分でブロックチェーンを取得して中身を見る作業はかなり面倒なので、そういうサービスを提供しているＷｅｂサイトを利用してみよう。chainFlyerというサイト（https://chainflyer.bitflyer.jp/）が綺麗で見やすい。

図４－９の画面下にある段ボール箱のようなものが、ブロックチェーンにおけるブロックの連鎖を視覚的に表したものである。一番右にある黒いブロックがGENESISと呼ばれる最初のブロックだ。ブロック番号でいうと０番になる。

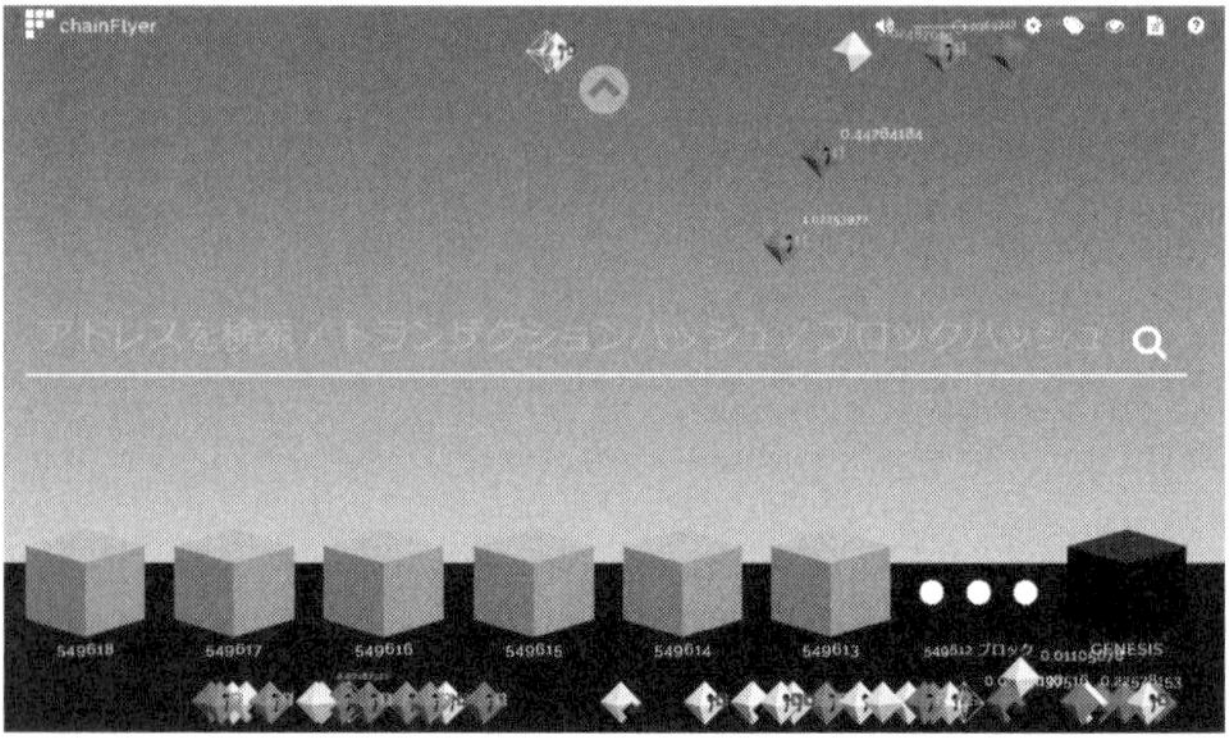

図4－9

それが、新しい取引が起こるたびに、どんどんどんどんブロックが追加され、ブロックチェーンが伸びてきた。静止画ではお見せできないが、この画面で上部から降り注いでくるダイヤ型のアイコンは後述するトランザクション（取引）である（図4－10）。

今日は２０１８年９月１日だが、現時点での最新ブロックは５３９４７６番である。一つのブロックに２０００のトランザクションが記録されていると仮定すると、１０７８９５２０００個のトランザクションが記録され、Ｐ２Ｐネットワークに参加する各ノードに保存されていることになる。いかに大量のデータが積み上げられてきたかが如実にわかる数値である。

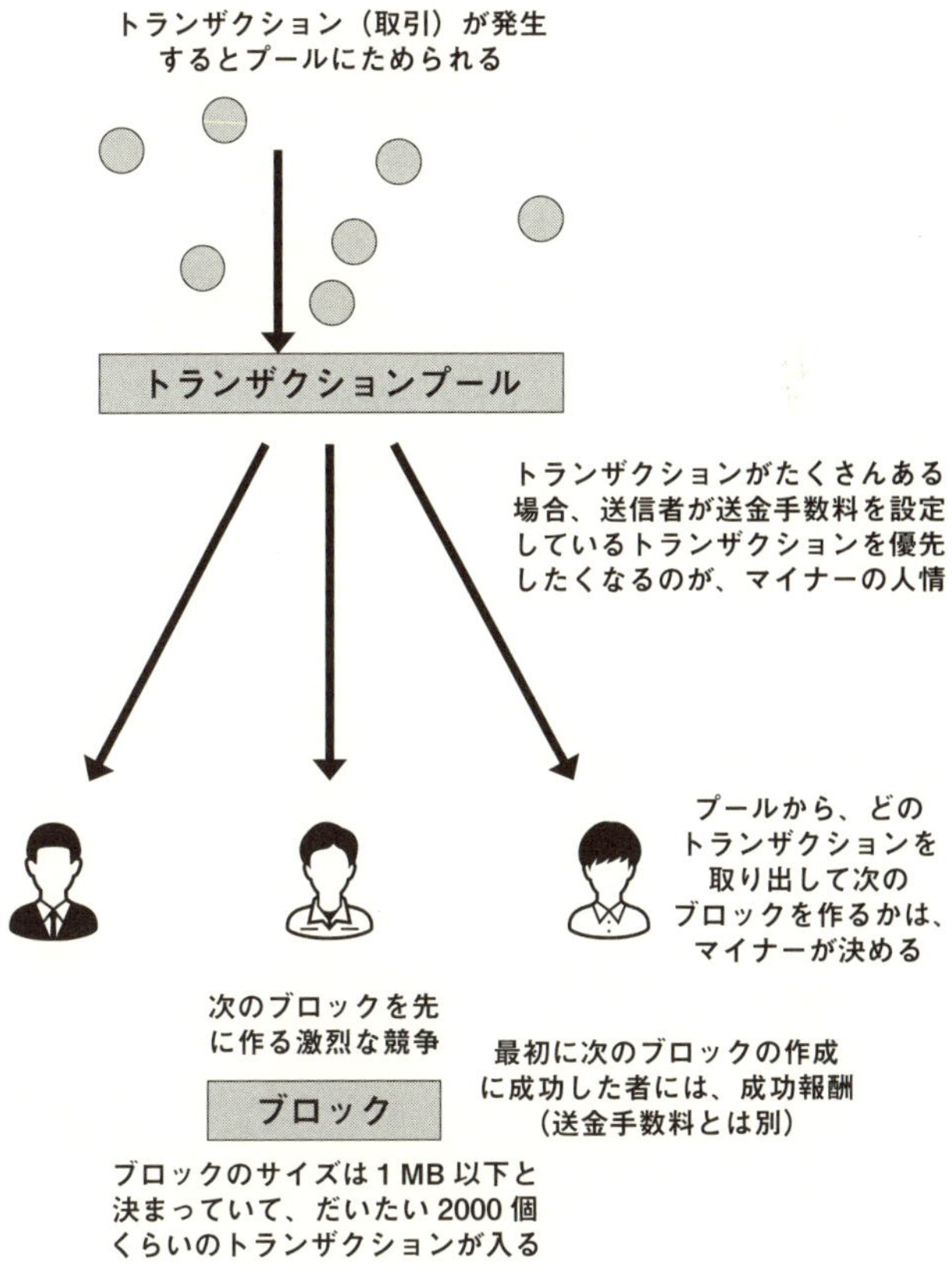
トランザクション（取引）が発生
するとプールにためられる
トランザクションプール
トランザクションがたくさんある
場合、送信者が送金手数料を設定
しているトランザクションを優先
したくなるのが、マイナーの人情
プールから、どの
トランザクションを
取り出して次の
ブロックを作るかは、
マイナーが決める
次のブロックを先
に作る激烈な競争
最初に次のブロックの作成
に成功した者には、成功報酬
（送金手数料とは別）
ブロック
ブロックのサイズは1MB以下と
決まっていて、だいたい2000個
くらいのトランザクションが入る

図4-10

各ブロックの中身

ブロックチェーンを構成する一つ一つのブロックの中身は、意外に単純である。

マジックナンバー
ブロックサイズ
ブロックヘッダ
トランザクションカウンタ
トランザクション

大雑把《おおざつぱ》に見ればこれだけだ。

マジックナンバーとは、ネットワークの識別用に使われる番号である。ビットコインには、本当にお金がやり取りされている本番ネットワークのほかに、各種のテストに使われるテストネットワークがある。そのため、どのネットワークのブロックチェーンなのかが、このナンバーを見ればわかるようになっている。本番ネットワークであればD9B4BEF9というデータが入っている。

ブロックサイズは名前の通り、このブロックの大きさである。ブロックチェーンの各ブロックの大きさは一律ではない。たとえばビットコインの場合は、10分ほどの間に行われた取引（トランザクション）をまとめて1つのブロックを作るので、取引状況に応じてあるブロックは大きくなり、あるブロックは小さくなる。そのため、「このブロックは、この大きさです」と記しておくのである。

ブロックヘッダとは、何だろう。**ヘッダ情報**というのは、情報システムを使っているとよく聞く言葉であるが、書籍で言えば目次や要約にあたる部分である。本文部分のことを理解しておかないと説明がわかりにくい箇所なので、ここでは「そういうものがある」とだけ覚えておこう。

トランザクションカウンタとは、このブロックの中に保存されている取引（トランザクション）記録の数である。

そして、**トランザクション**が取引そのもののデータだ。ビットコインの場合は、お金のやり取りの記録が、ここに詰め込まれるということになる。

もちろん、何をデータの本体とするかは運用するブロックチェーンごとに異なる。議事録を記録しておくためのブロックチェーンシステムであれば、ここに議事録そのものが収められるわけである。

トランザクション（取引）の中身

ビットコインのトランザクションには、こんなことが書かれている。

バージョンナンバー
入力カウンタ
入力
出力カウンタ
出力
ロックタイム

バージョンナンバーは、ビットコインのシステムが第何版であるかを示している。システムが更新されたときに、何版のシステムで扱われたデータなのかを示す値である。

入力および出力の**カウンタ**は、いくつの入力もしくは出力があったかを示す。たとえば、銀行の口座振込のようにAさんがBさんへ送金する場合は、入力も1、出力も1となる。ビットコイ

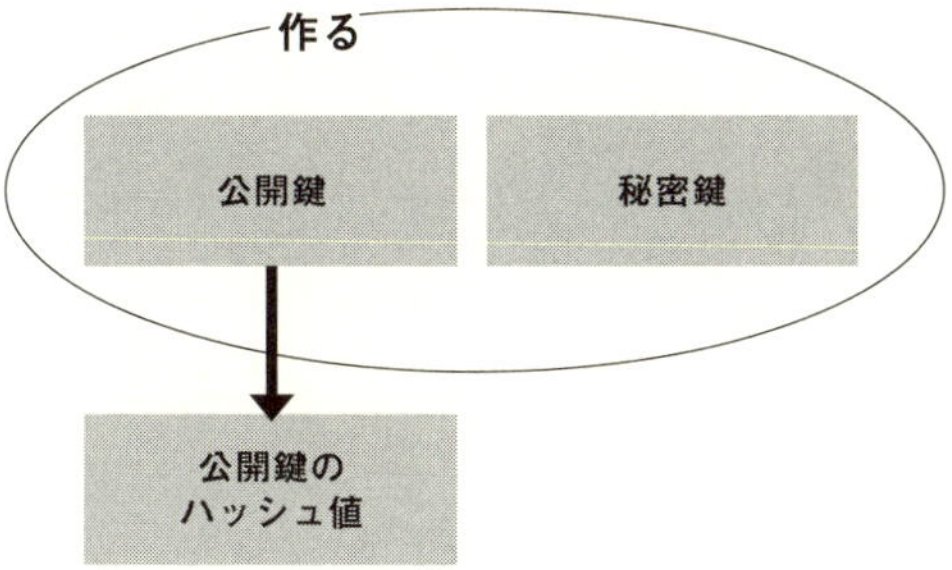

図４−11

ンのしくみでは、１つのおさいふからお金を出して、それを分割して２つのおさいふへ送金することなどができるので、こうやって入力数と出力数を書いておくのである。

入力と**出力**には、**ビットコインアドレス**と呼ばれる、ビットコインにおけるおさいふの番号が使われる。銀行であれば口座番号に相当するだろう。

ビットコインの入力、出力記録はとても単純で、基本的にはどのおさいふからいくら取り出し、どのおさいふへいくら入れる、としか書いていない。

ビットコイン的には、この「おさいふ＝ビットコインアドレス」の概念はとても重要だが、この書籍の主題ではないので、簡単に説明しておく。

ビットコインアドレスは、自分が持っている鍵ペアの公開鍵から作られるハッシュ値である。図４−11では簡略化した手順で示しているが、実際には何回もハッシュ関数にかけ、データのエラーを検出する**チェックサム**を付加する工程がある。

ここで作ったビットコインアドレスを使って、

入力：aa4f18c8ed46accbde7c7dcaaa6468fc

出力：f9f1bab0ffcf1e902950fb0548192fda　10

といった送金データを作るわけである。これで、f9f1bab0ffcf1e902950fb0548192fda のおさいふから、aa4f18c8ed46accbde7c7dcaaa6468fc のおさいふへ、10サトシを移動させることができる。**サトシ**とはビットコインで使われる補助単位で、0・00000001BTC＝1サトシとなっている。ビットコインの基本単位**BTC**は価値が大きい（2018年9月時点で1BTC＝約70万円）ため、少額決済では使いにくい。そこで取引記録であるトランザクションには、サトシを使って記入する。ちなみにサトシという呼び名は、2008年に最初のビットコインの技術論文を発表したサトシ・ナカモトにちなんだものである。

最後の**ロックタイム**は、時刻を書き入れることによって、指定時間まで取引を有効にしない機能のこと。たとえば、ロックタイムを明日に指定しておけば、取引データを間違えて「あっ、しまった！」と思ったときに、取引をキャンセルすることができる。

「送金」で送られるもの

送金する場合、こうしてできあがった送金データからハッシュ値を計算し、送金者が自分の秘密鍵でデジタル署名をし、公開鍵も含めてトランザクションを作る。

そして、このトランザクションをＰ２Ｐネットワークに対して送信する（図４－12）。

デジタル署名を付与するのは、もちろん改ざん対策である。受け取った側は、このトランザクションが正しいものか改ざんされたものか、それだけでは判断することができない。

しかし、トランザクションからハッシュ値を得て、また、デジタル署名を送信者の公開鍵で復号して得たハッシュ値を比較することで、このトランザクションが本物であることが証明できる（図４－13）。

トランザクションデータとデジタル署名を辻褄があうように作ることができるのは、秘密鍵を持っている本人だけだからである。もちろん、本人だけが秘密に管理しているはずの秘密鍵が漏洩していた場合には、すべての前提が崩れてしまう。これは公開鍵暗号全般に言えることだ。

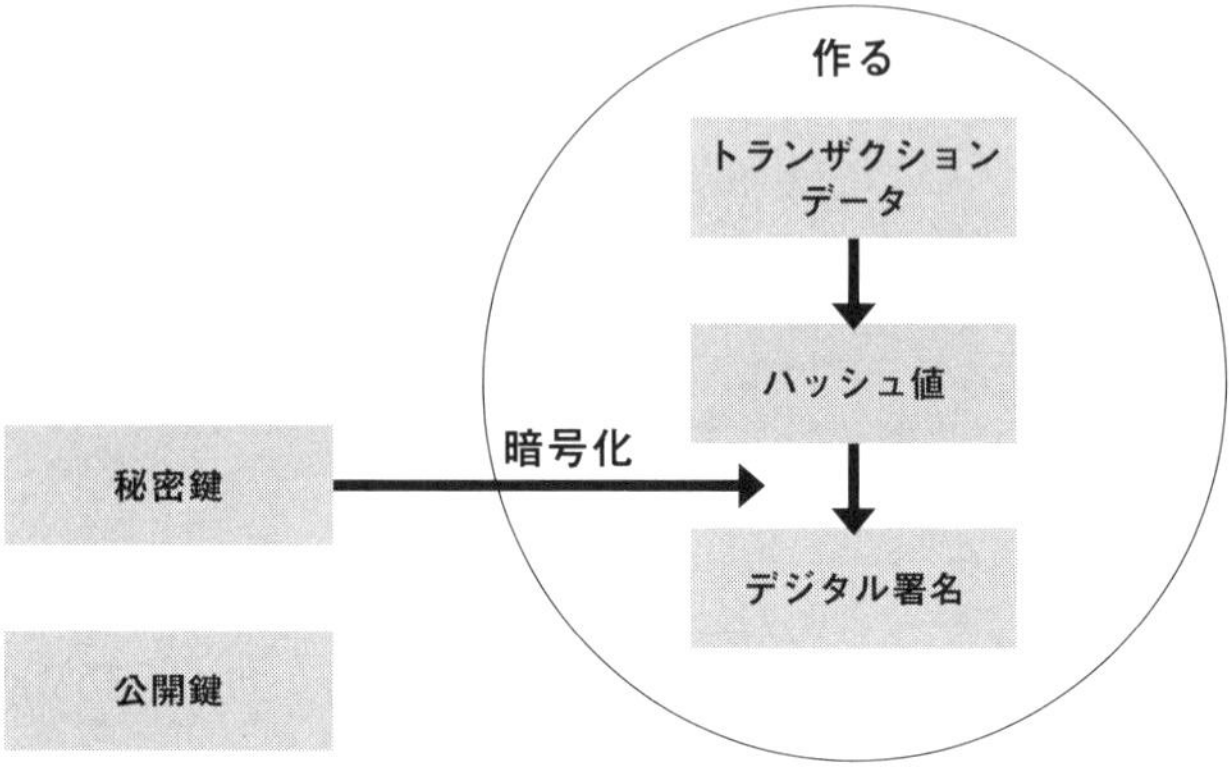
作る
トランザクション
データ
ハッシュ値
暗号化
秘密鍵
デジタル署名
公開鍵

図4-12

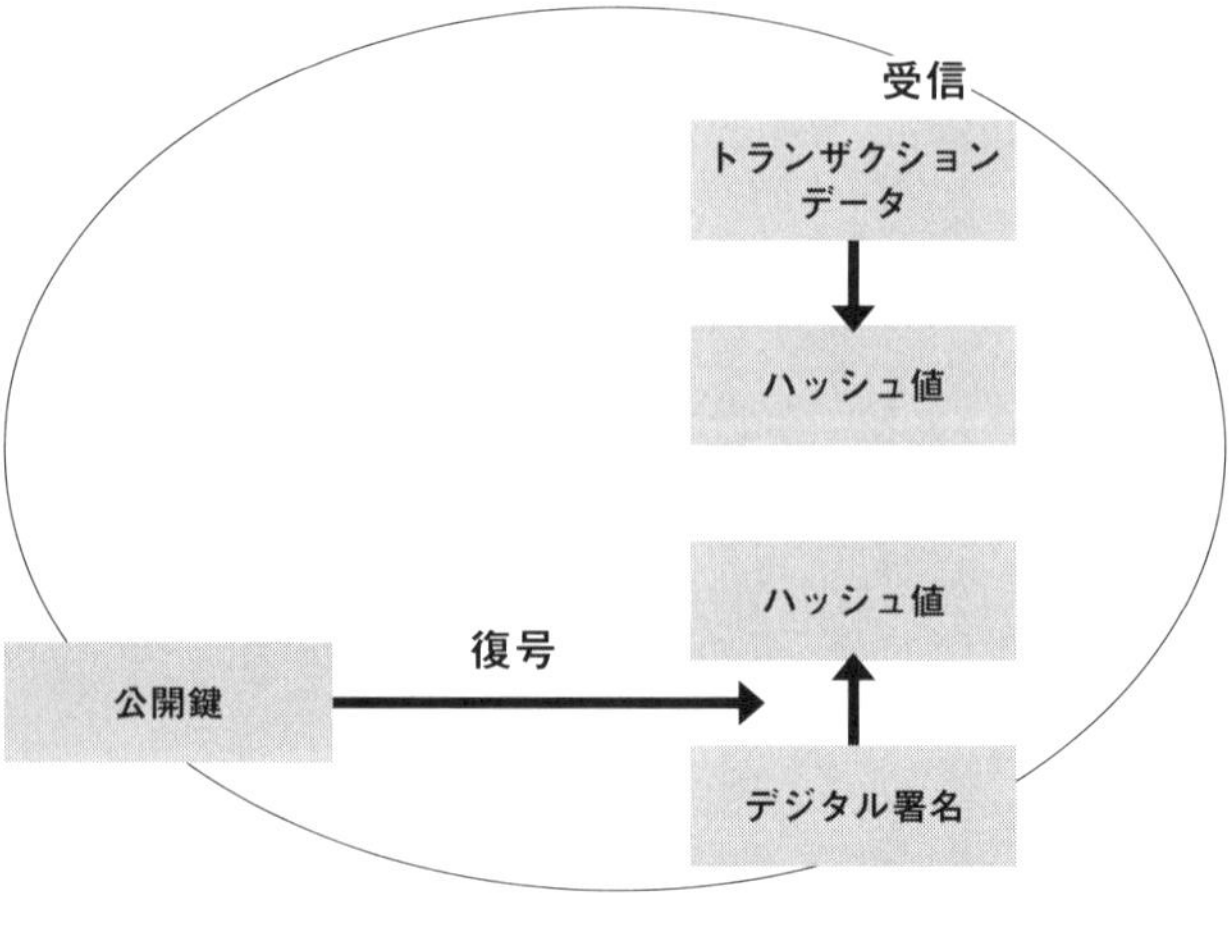
受信
トランザクション
データ
ハッシュ値
ハッシュ値
復号
公開鍵
デジタル署名

図4-13

ビットコイン取引所は何をしているのか

ビットコインなどの暗号資産の場合、自分と取引を結びつけるものは、この秘密鍵しかない。秘密鍵を持っていることこそが、自分がその取引の当事者であった証であり、取引された価値にアクセスするまさに「鍵」なのである。

ブロックチェーンの大元のしくみでは、鍵の紛失に対する救済措置は用意されていない。なくなればそこでおしまいである。そのため、多くの一般利用者が使う**取引所**では、ブロックチェーンの鍵は取引所が保管し、ブロックチェーンの鍵と結びついたＩＤやパスワードを発行することで、紛失対策をしている。この方法であれば、ＩＤやパスワードを失っても、取引所の裁量次第で復活させることができる。

ただしこの場合、利用者はブロックチェーン本来の価値を享受できない。ブロックチェーンはデータすべてを自ら監視・検査できるしくみだが、それには参加しないことになる。そして、誰も信用できない状況でも稼働するシステムであることがブロックチェーンのすごいところだが、取引所を信用しないとこのモデルは成り立たない。

そこで、秘密鍵を分散する**マルチシグネチャ**と呼ばれる方式の採用が増えている。

たとえば、3つの秘密鍵を作り、そのうち2つの秘密鍵がないと取引ができないようにするのである。運用はブロックチェーンのしくみや、そこに参加する取引所にもよるが、たとえば3つのうち2つを自分が、1つを取引所が保管する。そして、2つの秘密鍵があれば取引を実行できるようにしておくのである。そうすれば、取引所の持っている1つの鍵だけでは不正な取引を行うことができない。逆に自分が鍵を1つ失ってしまったとしても、取引所のもう1つの鍵があれば、自分の資産にアクセスすることができる。

送金手数料ゼロでも大丈夫か

それでは、ちょっとこのトランザクションデータの中身を覗《のぞ》いてみよう。例の chainFlyer というサイトを使う。このサイトでは、ブロックの中身も、ブロックの中に含まれている個々のトランザクションも見ることができる。そこで、「ebd34d0af51bb8eb610456392d802f5fd56035801bcf678e4e142d4a333e9cf」というトランザクションのデータを見てみよう。このトランザクションは、私が勝手に選んだデータで何の作為もない。世界中のどこかの誰かによる取引のデータである。

これを chainFlyer の検索ウィンドウに入力すると、図4－14のようなページが出力される。

図４-14

ビットコインアドレス「1YyWbW3U4Kp5Bo7S2rRXsAbq4RMJGV17n」から、ビットコインアドレス「16WAcUfToQxLRaByvecdQ5gRE2njhAZjMz」へと送金されているのが見て取れる。

ただし、送信元のアドレスから出て行った額は０・０１９２７７２５ＢＴＣ（ＢＴＣはビットコインの単位）なのに対して、受信先のアドレスへ入金された額は０・０１９１１９０５ＢＴＣで、一致していない。これは何故かといえば、この差額分が**マイナー**（ブロックチェーンのシステムを実質的に運用している貢献者。後の章で詳述する）に報酬として支払われているのである。いわば送金手数料である。

この取引の送金手数料は、０・０００１５８２ＢＴＣである。手数料は送金者が自由に設定できるし、設定しなくても構わない。なぜなら今のところ、ブロックの**追加成功報酬**が大きいので、マイナーの主な目当ては手数料ではなく追加成功報酬だからである。しかし、追加成功報酬に比べれば少額とはいえ、それに加算される形でこの送金手数料が支払われるので、たくさん送金手数料を設定しておけば、マイナーに目をつけてもらって優先的に**トランザクションプール**から拾い上げてもらえるかもしれない。

どういうことか。未処理のトランザクションが蓄積されるトランザクションプールから、どれを拾い上げて次のブロックを作るかは、マイナーが任意に決めて良いことになっている。したがって、トランザクションプールに1ブロックを作るのに十分なトランザクションがたまっている場合、マイナーは処理してあげる（ブロックに含めてあげる）トランザクションを選別することになる。

このとき、送金者が大きな送金手数料を設定していれば、当然マイナーの目につき、早く送金処理をしてくれることになる（図4－10参照）。実際、ビットコインのトランザクションはやや飽和状態にあるため、手数料を設定しないトランザクションは、トランザクションプールの中でかなり待たされることになるだろう。

そして将来的には、この送金手数料だけが、マイナーの報酬になる。この話は後述しよう。

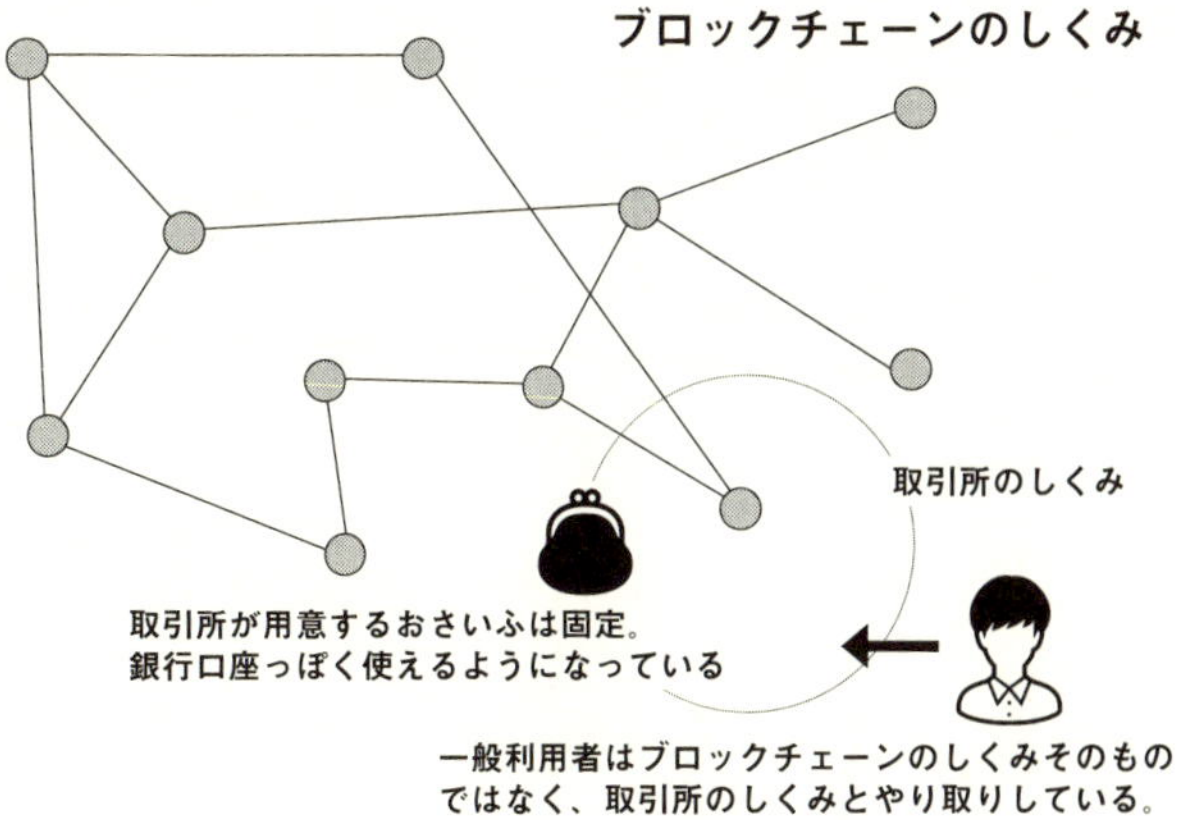
ブロックチェーンのしくみ
取引所のしくみ
取引所が用意するおさいふは固定。
銀行口座っぽく使えるようになっている
一般利用者はブロックチェーンのしくみそのもの
ではなく、取引所のしくみとやり取りしている。

図4-15

口座は使い捨て

ビットコインのトランザクションについて、もう少し説明を続けよう。これまで便宜的にビットコインアドレスを「おさいふ」に模して説明してきた。それは間違っていないのだが、このおさいふは我々がふだん使っている現金のおさいふとはだいぶ使い方が異なる。

まず、おさいふ自体が使い捨てであることが多い。

銀行口座をたくさん作ったら銀行に嫌がられる。それはもちろんペイオフのせいもあるが、そもそも管理が煩雑《はんざつ》になるし、すぐに口座番号の桁数を使い切ってしまうことにもつながるからだ。

しかし、ビットコインアドレスのアドレス空間

（何番から何番までの口座を作れる）は広大で、世界中の人間がばんばん新たなビットコインアドレスを作っても、消費しきれないほどある。事実上、無限と言ってよい数だ。だから、同じおさいふを使い続けなければならないといった制限はない。

むしろ、ブロックチェーンにはビットコインアドレスが記録され、全体に公開されるわけであるから、ずっと同じビットコインアドレスを使い続けていると、そのアドレスにはお金が貯まっているぞ、ということが推測できる。攻撃の対象になりかねない。だから、取引のたびに新しいアドレスを作ったりするのである。

自分はビットコイン取引をしているが、そんな煩雑なことをしたことはない、という方は取引所がこの手順をやってくれている（図4－15）。後でまたくわしく説明することになるが、ブロックチェーンと取引所のしくみは別である。

どうやっておつりを戻すか

そして、ブロックチェーンの中には、おさいふの残高は記録されない。**未使用トランザクション（UTXO：Unspent Transaction Output）**という、これからトランザクションを起こす権利が記録されているのである。

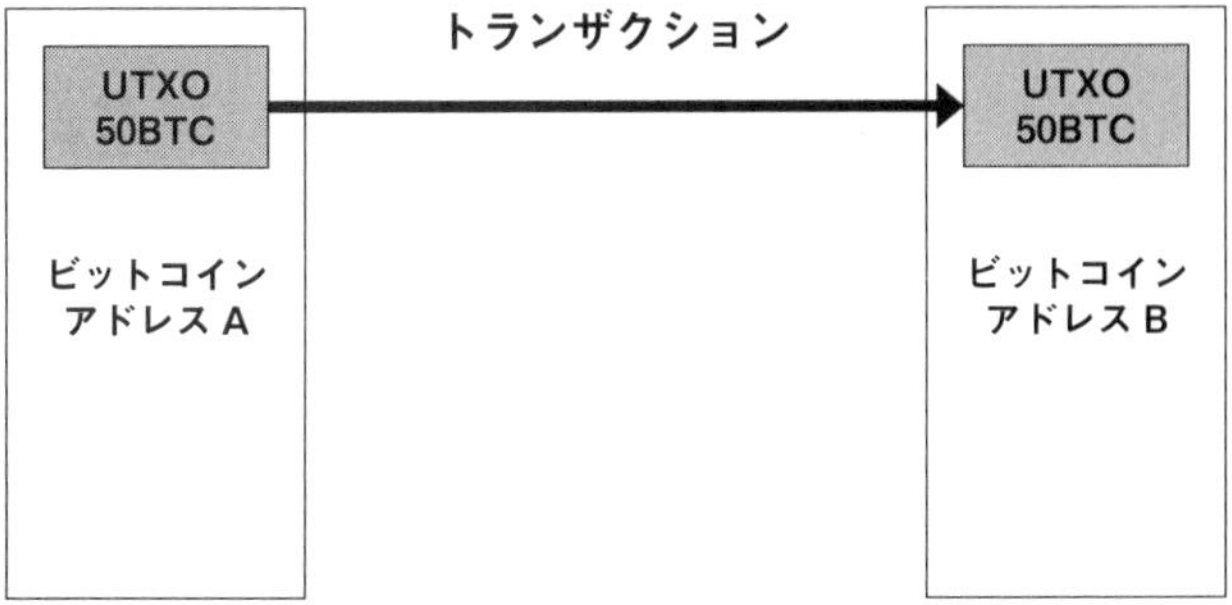
トランザクション
UTXO
50BTC
ビットコイン
アドレスA
UTXO
50BTC
ビットコイン
アドレスB

図４-16

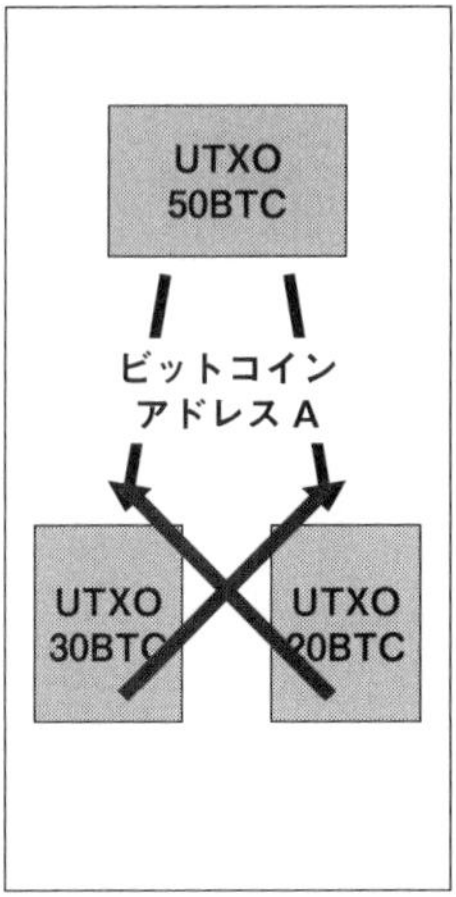
UTXO
50BTC
ビットコイン
アドレスA
UTXO
30BTC
UTXO
20BTC

図４-17

たとえば、私がマイニングに成功して50ＢＴＣもらったとしよう。このとき、私のビットコインアドレスには50ＢＴＣのＵＴＸＯが入っている。未使用だから、誰かに送る権利があるのである。トランザクションとは、このＵＴＸＯを別のビットコインアドレスに移す行為である（図4－16）。

この場合、私のビットコインアドレスAから、友人のビットコインアドレスＢへ50ＢＴＣのＵＴＸＯを移したので、ビットコインアドレスＡからはＵＴＸＯは消費されてなくなった。ビットコインアドレスＢにＵＴＸＯが移動したのである。送金処理だ。

特徴的なのは、ＵＴＸＯはあくまでトランザクションに使うためのものだということだ。たとえば、自分のおさいふの中で、（使いやすく両替するように）ＵＴＸＯを分割することはできない（図4－17）。

「それでは使いにくいじゃないか」と思うかもしれない。その通りである。分割できないのであれば、取引に20ＢＴＣしか使わないときはどうするのか？「おつりの30ＢＴＣはチップだ」とばかりに相手に50ＢＴＣあげるしかないのか。

実は、トランザクションを起こすときに、分けることができるのだ。

図4－18で示したような、ＵＴＸＯを分割するトランザクションを起こすことはできるのである。だから、取引相手には必要な価値である20ＢＴＣしか渡さずにすむ。Ｂに支払う必要のない

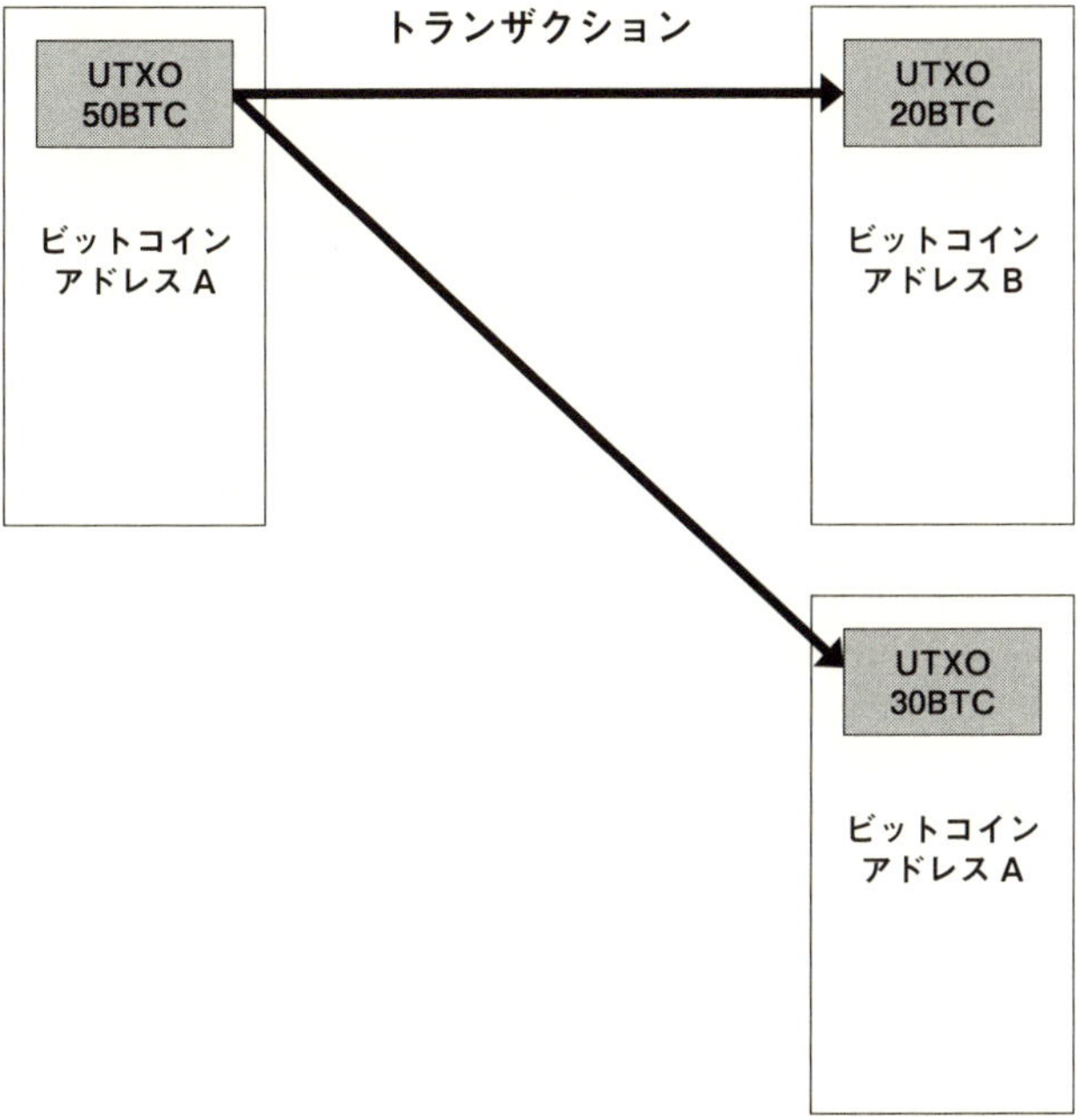
トランザクション
UTXO
50BTC
ビットコイン
アドレスA
UTXO
20BTC
ビットコイン
アドレスB
UTXO
30BTC
ビットコイン
アドレスA

図4-18

30BTCはおつりとして、自分のアドレスに戻せばよい。

このとき、UTXOの出所であるビットコインアドレスAに戻してもよいのだが、先に述べたようにブロックチェーンの中身は公開される（故に透明性が確保される）ものなので、同じアドレスを長く使い続けると、自分のお金の流れを他者に把握されたり、たくさん貯まっているアドレスとして攻撃されるリスクが高まる。

そこで、自分のおさいふに戻すのだけれども、それは送金に使ったビットコインアドレスAではなく、新たに作ったビットコインアドレスCにする、といった使い方をする。

「透明でありながら、匿名」

図4－19にあるAもCも自分のおさいふなのだが、ブロックチェーン上で公開されているのはビットコインアドレスだけなので、取引状況を監視している世界中の利用者には、所有者が変わったかどうかがわからない。これが、「透明でありながら、匿名」というシステムを作り上げている。

先の図では、入力が1つ、出力が2つのトランザクションを作ったが、入力が複数で出力が1つのトランザクションも、入力も出力も複数のトランザクションも作ることができる。

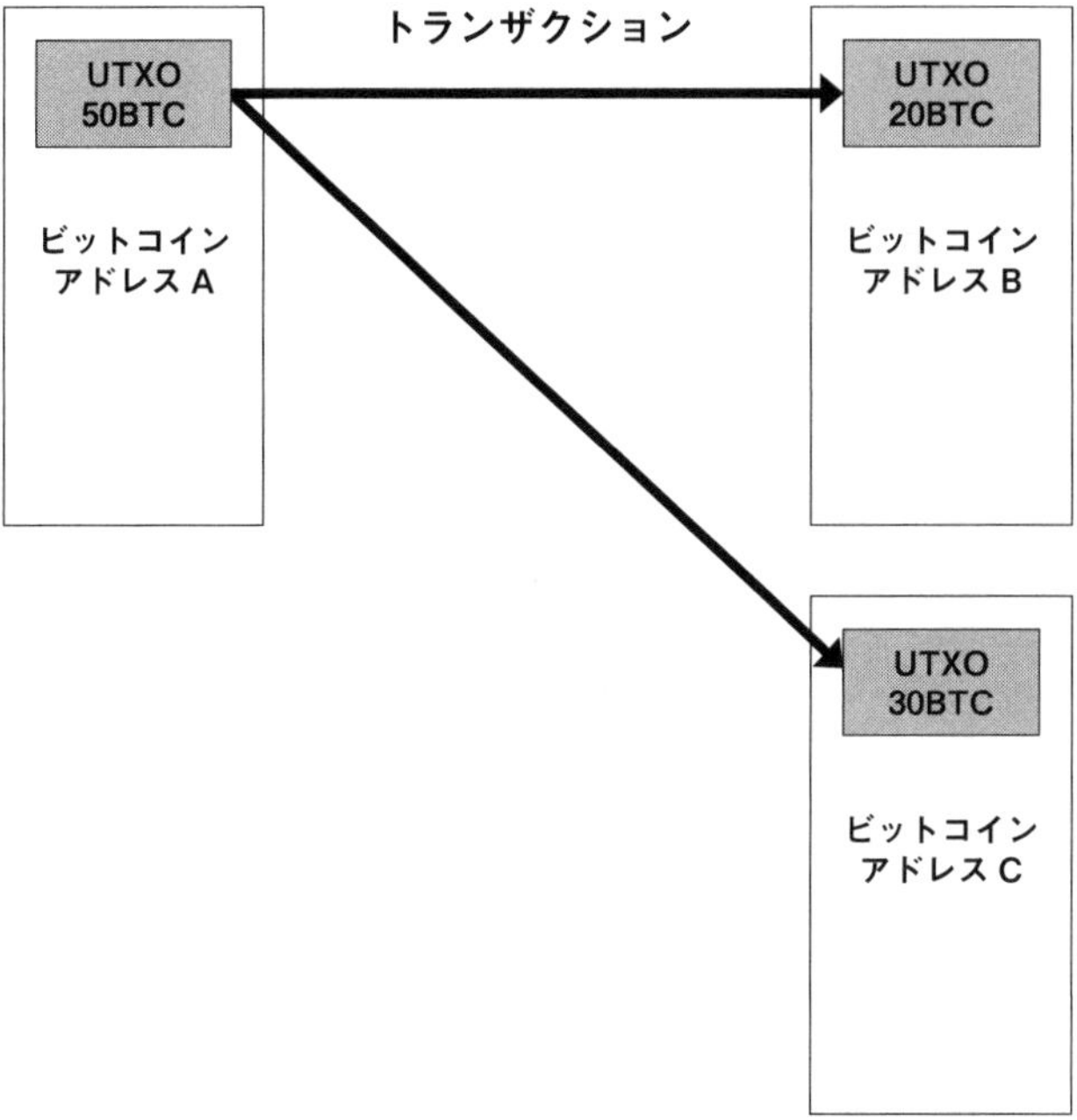
トランザクション
UTXO
50BTC
ビットコイン
アドレスA
UTXO
20BTC
ビットコイン
アドレスB
UTXO
30BTC
ビットコイン
アドレスC

図4-19

ただ、先に示した図は、銀行口座の概念が頭にすり込まれている、あくまで人間向けの模式図である。ビットコインのブロックチェーンに記されているデータは、トランザクションだけなので、ブロックチェーンのシステム側から見ると図4－20のようになる。

「UTXOが今どこにあるか」が、ビットコインのシステムにとっては大事なのだ。ビットコインのブロックチェーンに延々記録され続けているデータとは、マイニング報酬（ビットコインが新規に発行されるポイントはここしかない）によって発行されたビットコインが、どのアドレスからどのアドレスに移動し、どこで分割され、どこで統合されたか、の記録である（図4－21）。

だから、ビットコインにアドレスの残高という概念はない。自分が持っているビットコインアドレスにどれだけの残高があるかは、ブロックチェーンに記録されたトランザクション（UTXOの移動履歴）を見て、「いまこれだけのUTXOが、未使用の状態で自分のアドレスにある」と毎回毎回確認するしかない。

もちろん、それでは不便なので、一般利用者向けには取引所が銀行口座と同じように使えるしくみを用意し、そこに残高記録を作ってくれる。しかし、これはブロックチェーンやビットコインそのものの働きではない。取引所のシステムである。

主体はこれ
ビットコインアドレス
UTXO
50BTC
ビットコインアドレス

図４−20

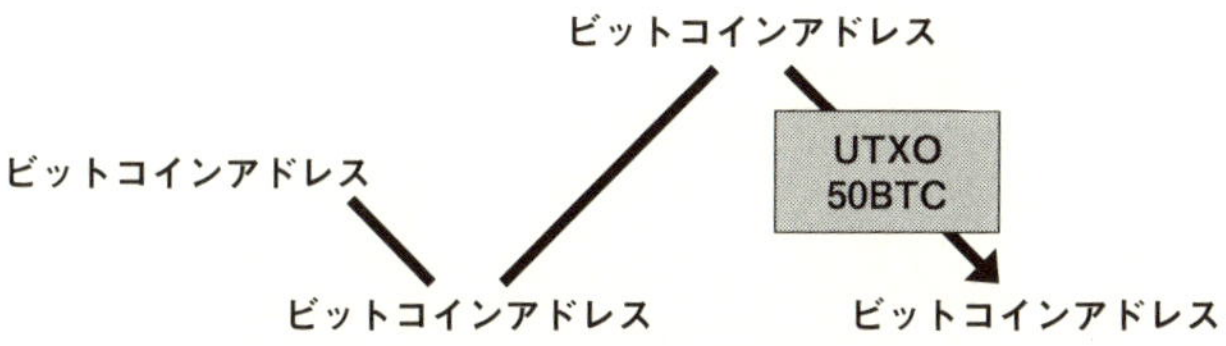
ビットコインアドレス
ビットコインアドレス
UTXO
50BTC
ビットコインアドレス
ビットコインアドレス

図４−21

取引の承認にはマイナーの作業が必要

こうしたトランザクションデータは、P2Pネットワーク内の各ノードに、未認証トランザクションとして蓄積されていく。この蓄積場所をトランザクションプールという。トランザクションプールに蓄積されているトランザクションは、まだ「送金依頼」をしただけの状態で、その依頼はまだ正式に承認されていない。送金が完了するためには、誰かに承認してもらう必要がある。

通常の銀行取引であれば、承認するのは銀行だ。でも、ブロックチェーンのネットワークには「この人が承認する」といった絶対的な権力がない。では誰がトランザクションを承認するのだろうか。それが、「トランザクションをまとめて、ブロックを作る」という行為に他ならない。

ブロックチェーンでは、マイナーと呼ばれる参加者が新しいブロックを作る。複数のマイナーがブロックを作ってそれぞれ別個のブロックが提出された場合は、基本的には早く提出されたブロックが正統なものと認識される。つまり早い者勝ちである。

ビットコインにおいては、新しいブロックを作ることに成功した者に報酬が支払われる。だから、マイニング競争が激烈なものとなるのだ。

再掲すると、ブロックはこのようなデータの固まりだった。

マジックナンバー
ブロックサイズ
ブロックヘッダ
トランザクションカウンタ
トランザクション

私たちはここまででだいぶブロックチェーンにくわしくなったので、かなりの部分はすでに自明である。

ここで例としてとりあげているビットコインの場合、あるブロックが作られてから、次のブロックが作られるまでの間隔はおおむね10分となっている（10分くらいで解けるように、問題の難易度が調整されている。コンピュータの性能やマイナーの技術は日々進歩するため、難易度は定期的かつ自動的に調整される）。この設定は悩ましいところで、あまり長くしすぎると、トランザクション（ビットコインの場合は、取引記録だった）が承認されるまでに長い時間がかかってしまう。承認までに1日かかるようなシステムにすると、用途によっては使い物にならなくなるだろう。

一方で短くしすぎるのも弊害があって、ブロックを作るという非常に面倒な行為が始終繰り返されることになる。リソース（CPU、記憶装置、ネットワークなどの資源）の浪費も気になる上に、誰かが「俺が新しいブロックを作った！」と、同時に手を上げる確率も高まる。これはこれで面倒なのである。

マイナーがやっていること

ブロックを作るときは、トランザクションプールから10分間で集まったトランザクションを拾い上げる。それがブロックに含まれるトランザクションであり、その数をカウントしたのがトランザクションカウンタである。

ただ、このトランザクションの拾い上げは、かなりゆれのある作業である。

ブロックチェーンはP2Pネットワークをベースにするシステムなので、トランザクションが起こったとしても、それがネットワーク全体に伝播するまでには時間がかかる（同じトランザクションが別ルートから重複して届くようなことも頻繁にある。その場合、トランザクションIDによって重複がわかるので、これはシステムによって消去される）。米国のあるマイナーが新規ブロックを作ろうとして拾い上げたトランザクションが、日本のマイナーのもとにはまだ届いていないかもしれないのだ。

また、すでに述べたように、個々のトランザクションには送金者により送金手数料が設定されていることがある。ブロックの追加に成功すると、成功報酬のほかにこの手数料もマイナーの手元に入ることになるので、できるだけ多額の送金手数料が設定されているトランザクションをブロックの中に含めたい。このような事情から、各マイナーが競争して作るブロックは個別に異なるものになる。

ここが定まると、ブロックサイズも決まる。マジックナンバーは固定値だし、これから計算するブロックヘッダも、サイズは最初から決まっている。

問題はブロックヘッダである。トランザクションのところでも登場したように、ヘッダとは目次や目録のようなもので、そのデータの本体が何であるかを簡潔に示す情報だ。ビットコインでは、ブロックヘッダの中身は次のようになっている。

バージョンナンバー
前のブロックのハッシュ値
このブロックのすべてのトランザクションのルートハッシュ
ブロックを作った時刻

ブロックを作る難易度
ナンス

バージョンナンバーは、ブロックチェーンのシステムが第何版であるかを示す値だった。

次に配置されるのは、前ブロックのブロックヘッダのハッシュ値である。ここでもハッシュ値が出てくる。ブロックチェーンに限らず、今のセキュリティシステムはその機能がハッシュに依存する割合が高い。だから、ハッシュ値を作るためのハッシュ関数に何らかの**脆弱《ぜいじゃく》性**（弱点のこと。ハッシュ値から元データは逆算できないはずなのに、簡単に逆算する方法が見つかるなど）が見つかると大騒ぎになるのである。

「チェーン」になっていくプロセス

ここで前ブロックのハッシュ値が今のブロックのブロックヘッダに組み込まれる意味は、ぜひ理解しておきたい。

単にブロックを並べただけでも、見かけ上ブロックチェーンにはなるが、どこかのブロックをひょいっと交換されても、システムの運用者や利用者は気づくことができない（図4－22）。

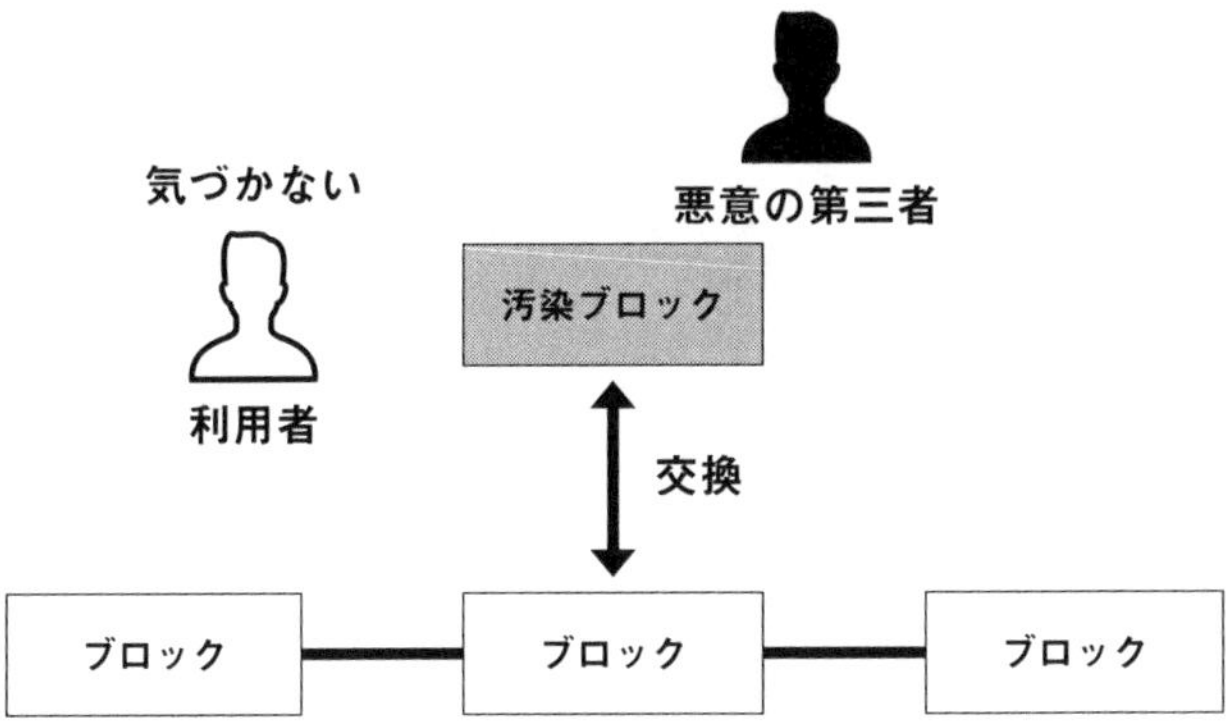
気づかない
利用者
悪意の第三者
汚染ブロック
交換
ブロック
ブロック
ブロック

図4-22

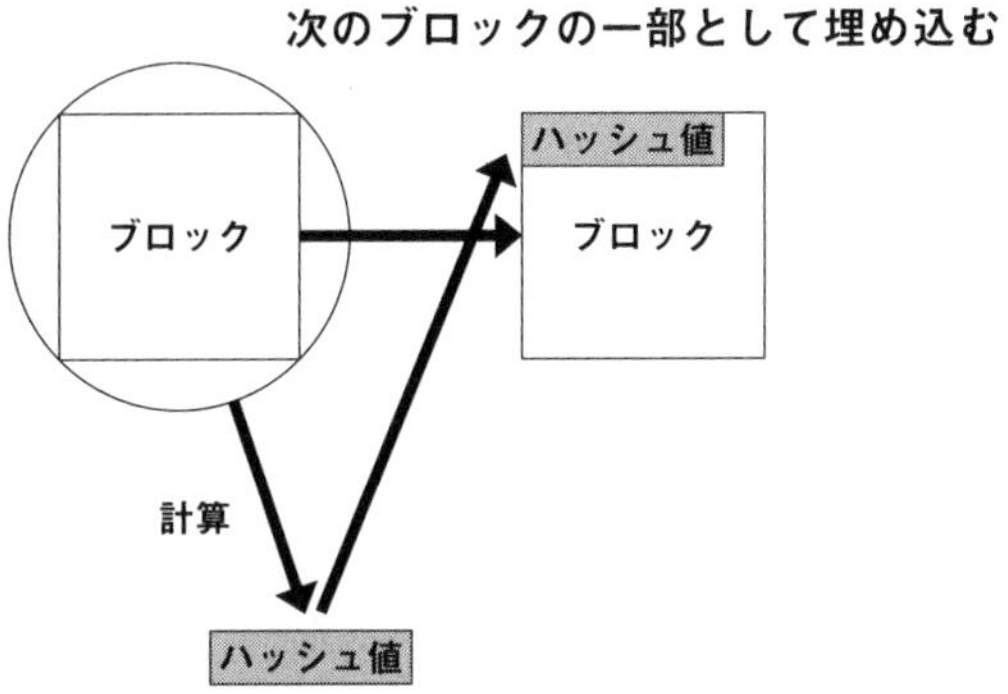
次のブロックの一部として埋め込む
ブロック
ハッシュ値
ブロック
計算
ハッシュ値

図4-23

ブロックチェーンは、確かにブロックを数珠つなぎにしたものだが、ブロックとブロックの間に意味的なつながりがないと、このようなことが起きてしまう。ここで、「ブロックとブロックの間に意味的なつながり」を持たせるための手段が、ハッシュ値である。

図4－23のようにしておくことで、単にデータの並びとしてだけではなく、ブロック間の意味的なつながりが形成される。

たとえば、図4－24の一番左のブロックに含まれているトランザクションを改ざんして不当な利益を得ようとする悪意の第三者がいたとする。

左のブロックのトランザクション自体は特に暗号化されているわけでも何でもないので、誰でも見ることができるし、書き換えすら試みることができる。自分のビットコインアドレスに大量のビットコインを移動させるようなトランザクションデータも、作れるのだ。

しかし、左のブロックだけを改ざんしても、システムも利用者も騙せない。改ざん前のデータから得られたハッシュ値が、次のブロックの一部として組み込まれているので、改ざんを行うと、改ざん後のブロックのハッシュ値と、次のブロックに組み込まれたハッシュ値が合致しなくなる。何か異常が起きたことが白日の下に晒《さら》されるのである。そう、マイニングに参加しない（ブロックの追加に関与しない）利用者も、ブロックの中身を見て、検証することはできるのだ。もし怪しいと思えば、自分のところに新規ブロックが送られてきたとき、手持ちのブロックチェ

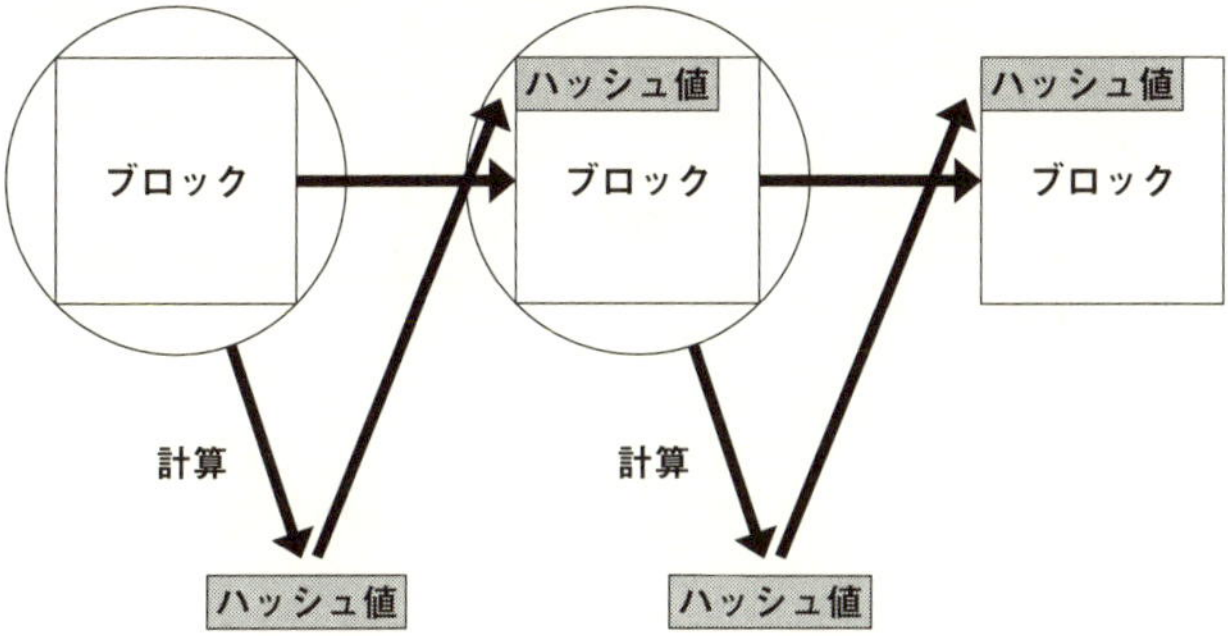

図４-24

ーンには追加せず無視すればいい。

こうして、いくら不正ブロックをＰ２Ｐネットワークに放流しても、それは他のノードが持つブロックチェーンには追加してもらえず、価値を認めてもらえない。不正に作ったビットコインや不正に得るつもりだったブロックの追加に対する成功報酬も、得られないことになる。

前のブロックの改ざんを悟られないようにするためには、その次のブロックも辻褄があうように自分で作らねばならない。前述したように、ブロックの新規作成（チェーンへの新しいブロックの追加）に成功した者には報酬が支払われるので、ブロックの作成は激烈な競争が行われている。不正を試みようとする者は、この競争に勝たねばならないのだ。

さらにこの工程は連鎖していく（だからブロックチェーンなのだ）。

不正の意味がなくなる構造

その次のブロック（図4－24の右端のブロック）にも、前ブロックのハッシュ値が組み込まれる。左端のブロックのトランザクションを改ざんすると、真ん中のブロックに組み込まれたハッシュ値と辻褄があわなくなり、それを何とかしようとして、真ん中のブロックにも改ざんを加えると、そこから得られるハッシュ値が、右のブロックに組み込まれたハッシュ値と辻褄があわなくなる。

その辻褄をあわせようとすると、右側のブロックも改ざんしなければならなくなる。こうして、改ざんを行う者は改ざんの連鎖に追い込まれるのである。地層のようなものなのだ。地層の表面に偽物の化石を置くことは簡単だが、下の地層との矛盾が生じる。かといって、地層の最下層から作り替えるのは無理である。

ただでさえブロックの新規生成で報酬を得ようとする者（マイナー）が激しい競争を繰り広げている中で、何回もその競争に勝利して改ざんブロックの追加に成功するためには膨大なリソースを投入しなければならない。

それなら、いっそブロックチェーン自体を最初から作り直してしまえば不正ができるかもしれない。すべてのチェーンを自分で作るのであれば、やりたい放題である。しかし、2018年8月末の時点でビットコインのブロック高（数珠つなぎにされたブロックの数）は50万を超えている。それをすべて作り直すために、自分だけで計算しようとすれば、天文学的な労力を要するだろう。

すなわち、改ざんのために莫大な投資をしなければならないわけで、そんなリスクを伴うのであれば最初から不正行為などやらないほうがマシだ。また、不正を試みられるほど他のマイナーを圧倒できるリソースを保有しているのであれば、不正行為などせずにブロック追加競争に勝ち続け、真っ当な報酬を得続けたほうが、安全で継続的な利益を得られる。

ちなみにその報酬額はいくらぐらいなのか。BTCと円のレート変動、トランザクションごとの送金手数料の違いがあるので、常に変動し続けているが、あくまで2018年8月末時点での参考値を述べると、1回ブロックの追加に成功すると1000万円ほどの成功報酬が得られる。

ビットコインは、このインセンティブの持たせ方が絶妙なのである。ブロック新規追加の報酬が低すぎると誰もブロックを追加しようとせずに、ブロックチェーン自体が機能しなくなるし、高すぎるとその報酬を誰が用意するのかという話になる。

ブロックチェーンが暗号資産の分野でまず浸透したのは、インセンティブが持たせやすいからだ。システムが自分で発行する資産をブロックの新規追加成功者に与えてやればよい。システムは資産発行権を持っているわけであるから、一番簡単に与えられる報酬である。ただし、与えすぎるとインフレが起きて、その暗号資産そのものの価値が崩壊するが、ビットコインは新規追加成功者への報酬が漸減するしくみになっていて、インフレの抑制対策となっている。

誰でも計算できる「ルートハッシュ」

ブロックヘッダの残りの部分の説明を続けていこう。「このブロックのすべてのトランザクションのルートハッシュ」とは、どういうことだろうか。

まず個々のトランザクションから、そのトランザクションの検証用にハッシュ値を作ることは前述した通りである（図4－25）。

ブロックにはたくさんのトランザクションが含まれているので、トランザクションから得られるハッシュ値もトランザクションの数だけある。これをトーナメント戦の大会のように結合して、どんどん上位のハッシュ値を作っていくのである（図4－26）。

これをすべてのトランザクションに対して、繰り返し行う（図4－27）。

ここに示したのは便宜的な図であるので、トランザクションが4つしかないが、実際には1つのブロックには2000ほどの大量のトランザクションが含まれているため、何回も何回もハッ

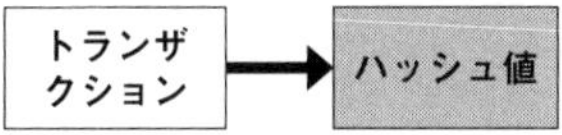
トランザクション
ハッシュ値

図４-25

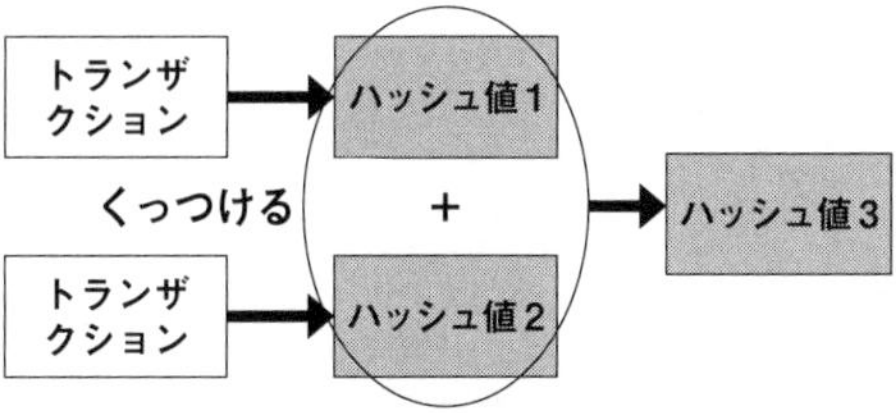
トランザクション
ハッシュ値１
くっつける
＋
ハッシュ値３
トランザクション
ハッシュ値２

図４-26

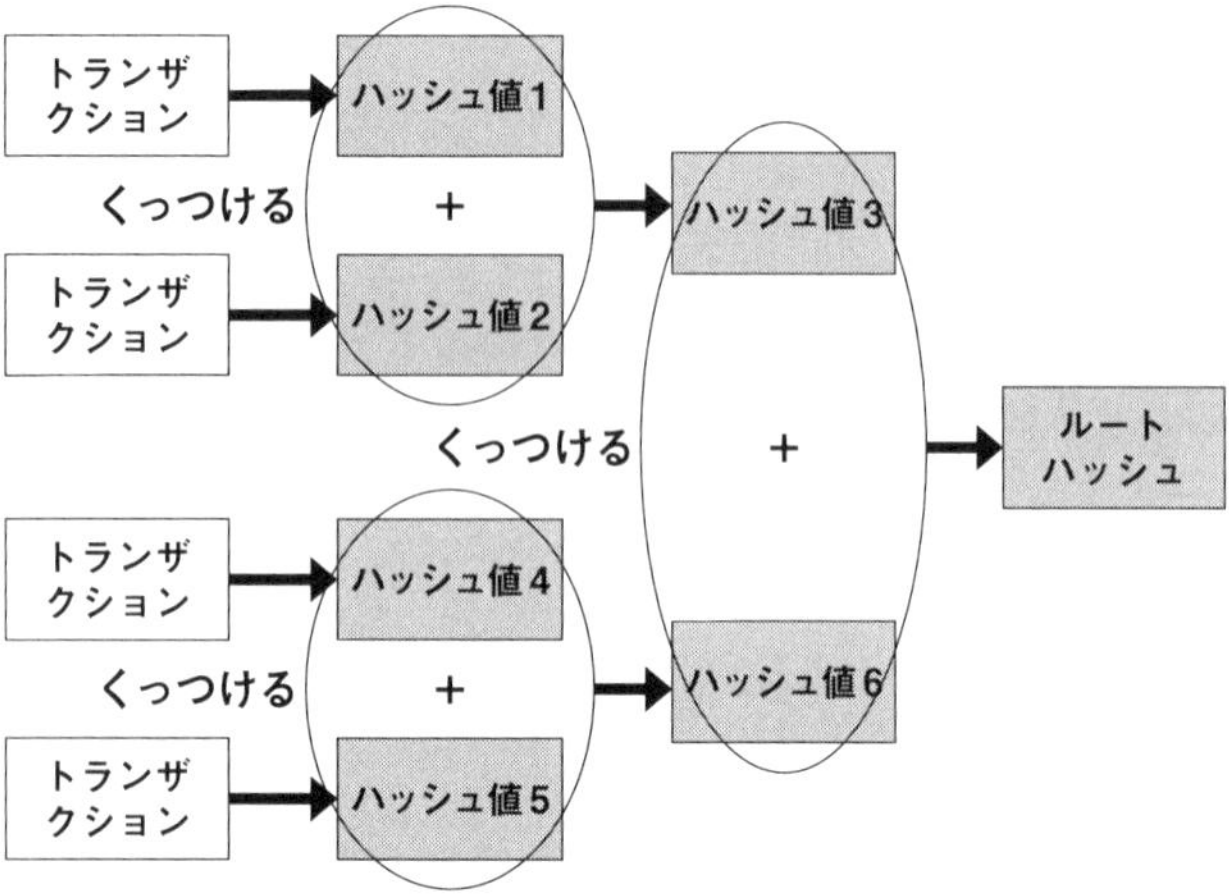

図4-27

シュ値を計算することになる。延々と続くハッシュ値の結合計算の最後に出てくるのが、**ルートハッシュ**と呼ばれるハッシュ値である。

ルートハッシュから見ると、計算の構造が木の枝分かれのように見えるので、この構造のことを**ハッシュツリー**、もしくは**マークルツリー**と呼ぶ。

一見、面倒なだけの計算のように見えるが、どこかのトランザクションに改ざんがあれば、ルートハッシュを他のブロックと比較することで、異常を検知することができる。

また、特定のトランザクションに改ざんがあったかどうかを検査することもできる。たとえば、一番上のトランザクションを検査するのであれば、ハッシュ値2、ハッシュ値6さえわかっていれば、後は自らの計算によってハッシュ値1、ハッシュ値3を算出することにより、ルートハッシュを導くことができる。

信頼できるルートハッシュと比較して異なっていれば、一番上のトランザクションには改ざんなどのデータ異常があるということになる。

こうした用途に利用するために、ブロックヘッダにルートハッシュを収めておくのである。

正解のナンスを探す

ブロックを作った時刻については、説明はいらないだろう。次に挿入されるのは、**ブロックを作る難易度**である。これは最後の項目である**ナンス**と密接な関係があるので、一緒に説明しよう。

新しいブロックを作成し、チェーンの最後に追加することに成功した者には報酬が支払われる（具体的には、その者のビットコインアドレスにビットコインが送金されるトランザクションが追加される）こと、その競争が激烈であることは、すでに述べた。

特にビットコインの場合は、あまりにも競争が熾烈なため、何の対策も施さなければ、同時にブロックが追加される事態が頻発してしまう。これまでに述べてきた作業は、人間にとって面倒で退屈、かつ着手する気にならないほど膨大ではあるものの、現代のコンピュータの計算速度を

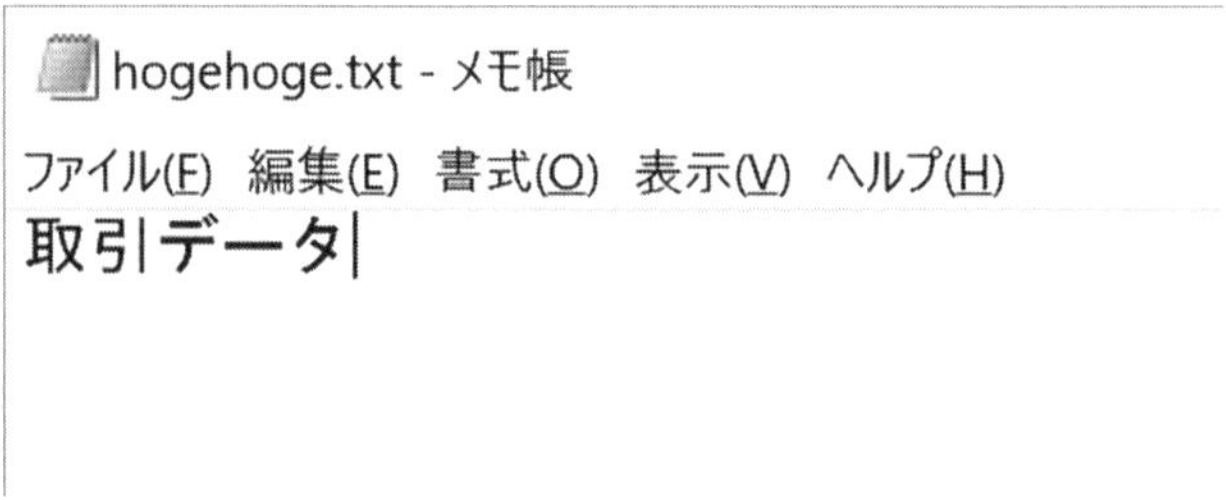
hogehoge.txt - メモ帳
ファイル(F)　編集(E)　書式(O)　表示(V)　ヘルプ(H)
取引データ

図4－28

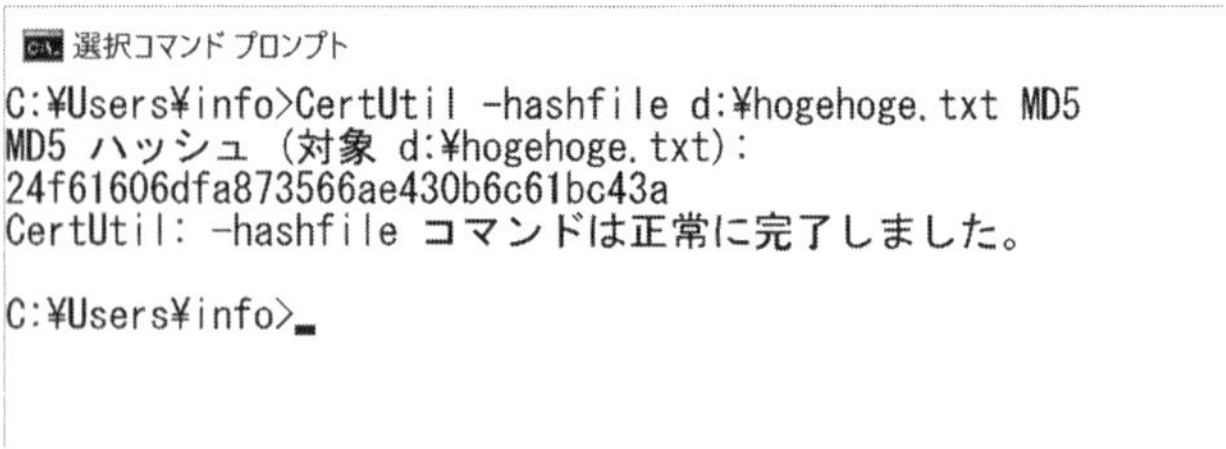
選択コマンド プロンプト
C:¥Users¥info>CertUtil -hashfile d:¥hogehoge.txt MD5
MD5 ハッシュ (対象 d:¥hogehoge.txt):
24f61606dfa873566ae430b6c61bc43a
CertUtil: -hashfile コマンドは正常に完了しました。
C:¥Users¥info>

図4－29

もってすれば瞬《また》きほどの時間内に終了する程度の計算である。これでは、各マイナー間でブロック生成終了時間の差が出ない。そこで、ブロックを作るのを難しくするのである。そのためのしかけをナンスという。

これまでに作り上げてきたブロック（の候補）データに、自分で考えたデータ（ナンス）を加えて、全体のハッシュ値を計算する。そのハッシュ値が難易度として設定された数値を下回ると、そのブロックは「完成した」と考えるのである。

実際に試してみよう。たとえば、図4－28のようなブロック候補があったとする。

実際にこんなデータがあるわけではない。あくまで説明上の模式的なデータである。

まず、このデータのハッシュ値を計算してみよう。ビットコインで使われるハッシュ関数とは違うが、先の説明で使ったＭＤ５ハッシュ関数で計算してみる。

すると図４－29のように、「24f61606dfa87356ae430b6c61bc43a」というハッシュ値が出てくる。このとき、難易度として設定されている数値から逆算して、「ブロック完成の条件を満たすには、ハッシュ値の先頭３桁が000になっていなければならない」としたらどうだろう。

そこでマイナーは、先頭を000にするために、このデータに加えるナンスを大量に試行錯誤するのである。たとえば、先ほどのデータにナンスとして「a」を加えてみよう（図４－30）。もちろんこれも、説明のための便宜的なナンスである。ビットコインでは32桁の２進数がナンスとして使われる。

ナンス「a」を加えたデータで、ハッシュ値を計算してみる。

その結果が図４－31だ。ナンスを加えているので、先ほどとハッシュ値は変わっているが、ハッシュ値の先頭は全然000になっていない。では、ナンスを「b」に変更してみよう（図４－32）。

このデータを使って、再度ハッシュ値を計算する。

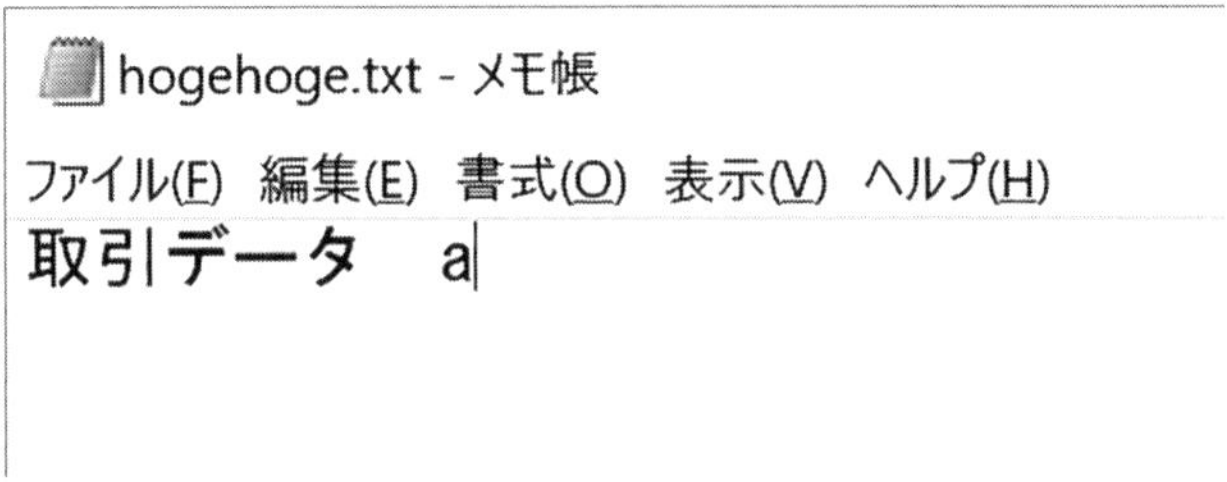
hogehoge.txt - メモ帳
ファイル(F) 編集(E) 書式(O) 表示(V) ヘルプ(H)
取引データ　a

図4-30

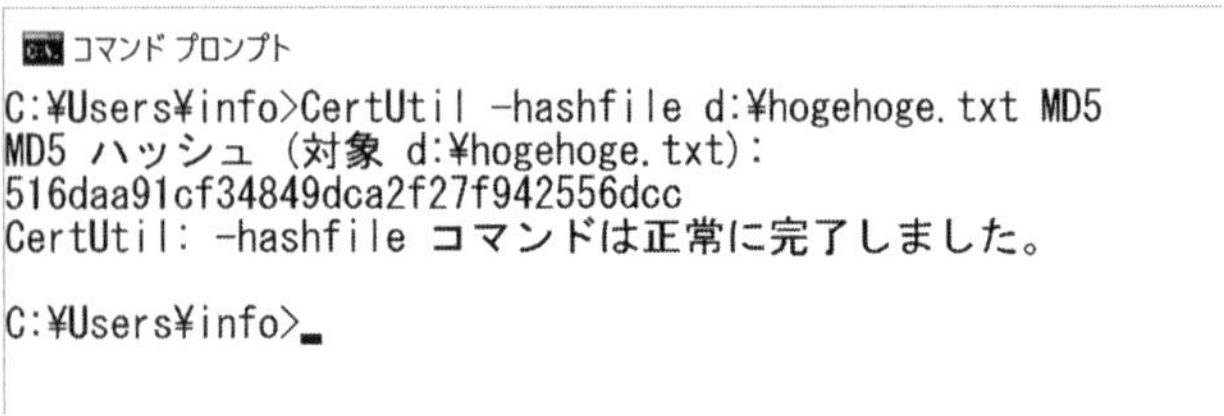
コマンド プロンプト
C:¥Users¥info>CertUtil -hashfile d:¥hogehoge.txt MD5
MD5 ハッシュ (対象 d:¥hogehoge.txt):
516daa91cf34849dca2f27f942556dcc
CertUtil: -hashfile コマンドは正常に完了しました。
C:¥Users¥info>

図4-31

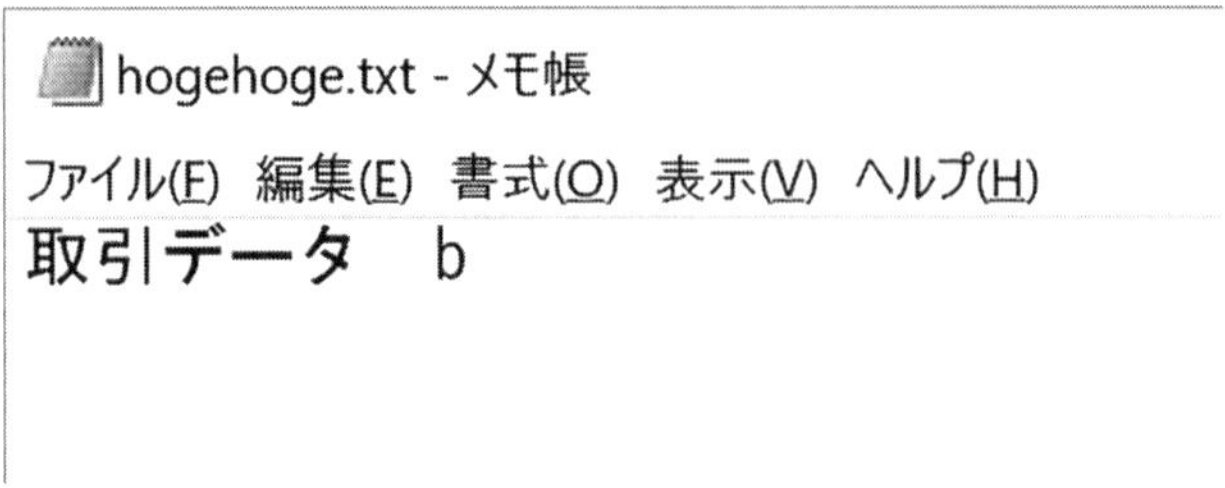
hogehoge.txt - メモ帳
ファイル(F) 編集(E) 書式(O) 表示(V) ヘルプ(H)
取引データ　b

図4-32

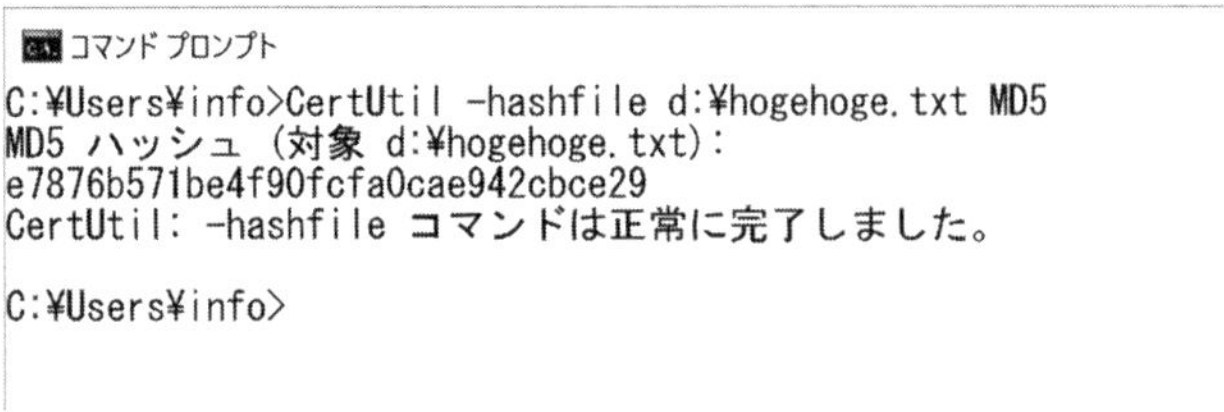
コマンド プロンプト
C:¥Users¥info>CertUtil -hashfile d:¥hogehoge.txt MD5
MD5 ハッシュ (対象 d:¥hogehoge.txt):
e7876b571be4f90fcfa0cae942cbce29
CertUtil: -hashfile コマンドは正常に完了しました。
C:¥Users¥info>

図4-33

その結果である図４－33を見ると、先ほどとハッシュ値は変わっているが、先頭が000になる気配すらない。

よほどの試行錯誤を経ないと、条件を満たすようなナンスを得られないことを、何となくでよいので、体感していただければと思う。

何度も意味のない計算をするから「マイニング」

ナンスの計算自体は、無味乾燥な、ほぼ意味のない作業である。マイナーはこの何とも言えない作業を永遠とも思える回数ほど実行しなければならない。しかし、条件を満たしブロックを追加できるナンスを見つけたときの報酬を求めて、この作業に取り組むのである。

いつ果てるともしれない「正解」を求めるこの行為を、採鉱に見立てて「マイニング」と呼ぶのだ。先ほど、２つのナンスからハッシュ値を計算してみたのも、マイニング体験であったわけだ。ほとんどの作業は徒労に終わるが、当たりくじを引いたときの利益が大きいので採鉱者（マイナー）は引きも切らないわけである。

もちろん、あまり難易度が高いと、いつまで経ってもブロックを追加することができないし、難易度が低くても追加成功者の乱立という事態になる。どの程度の難易度がよいかは、計算競争に参加するマイナーの数や、マイナーが使うリソース（CPUなど）によっても変化するため、10分程度の間隔でブロックを追加できるように、難易度はブロックチェーンのシステムによって自動的に調整される。

このような手順を踏んで、ブロックチェーンに新たなブロックが追加されるのである。

この手順のミソは、「追加されたブロックが正しいかどうかの判定は、誰でもできる」という点である。ナンスは自ら見つけるのはとても難しいが、一度見つかってしまえば、それを使ってちゃんと条件を満たすブロックが作れるかどうかを検証するのは簡単である。

同時に偽物が出現したらどうするか

それでは、新しいブロックの追加に成功したマイナーが同時に現れてしまった場合にはどうするのだろう。これまで説明してきたしくみからすれば、当然起こりうる事態である。

その中には、善意のマイナーが本当に同時に条件を満たすナンスにたどり着いた例もあるだろうし、片方は善意のマイナー、もう片方は悪意の第三者で、濡れ手に粟《あわ》の偽トランザクションをブロックに書き込み、そのブロックのナンスを見つけた例もあるだろう。

その場合、ブロックチェーンの分岐が発生する（図4－34）。

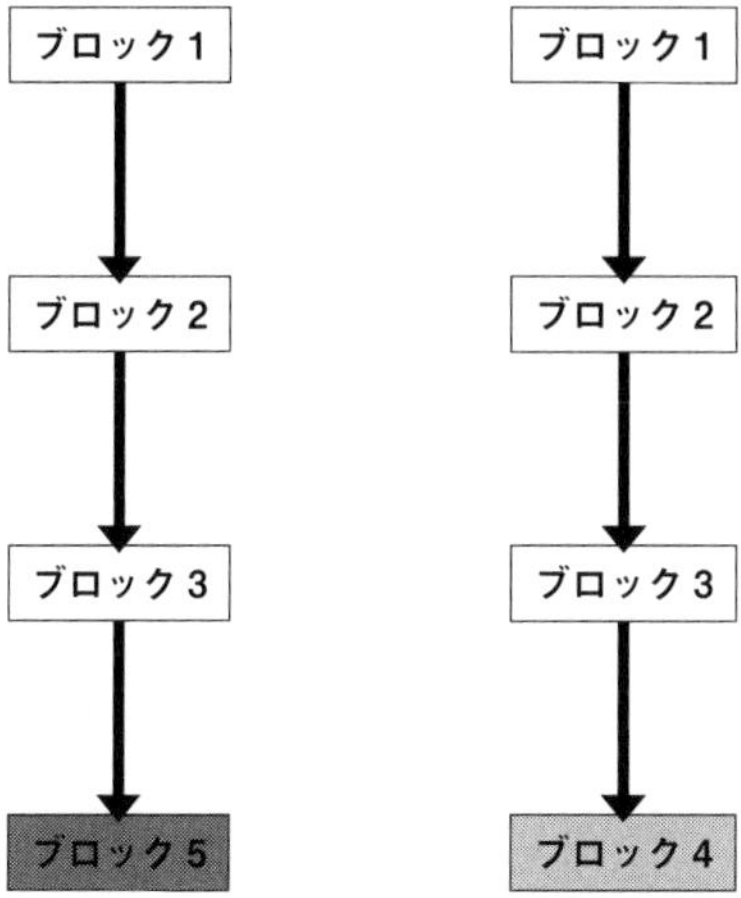

図４−34

同じＰ２Ｐネットワークの中に、違う系統のブロックチェーンができてしまうのである。既存のシステムであれば、管理者がどちらが正統かを決断したり、タイムスタンプを見て少しでも早い時刻に作られたブロックチェーンを正統だと裁定したりするだろう。

しかし、ブロックチェーンには管理者はいないし、基本的に誰が参加しているともしれないネットワークでの稼働を前提としている（そういう環境でもきちんと動くところに美点がある）。タイムスタンプのごまかしもあるかもしれない。

そこでブロックチェーンではどうするか。

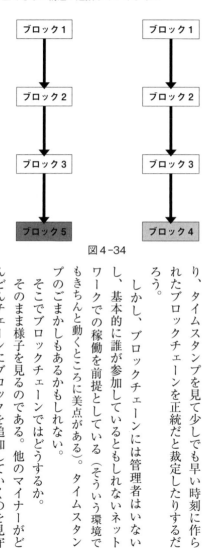

そのまま様子を見るのである。他のマイナーがどんどんチェーンにブロックを追加していくのを見守るのだ。

新規ブロックの追加とは、ブロックチェーンの検証に他ならない。マイナーたちは、正統なブロックチェーンにブロックを追加できれば成功報酬が手に入る。そうなると当然、マイナーたちは正しい（不正が行われていない）と思われるチェーンへブロックを追加していく。すると、ブロックチェーンの成長速度に差が生じ、分岐したブロックチェーンに、より長く育つものと、それほど長くは育たないものが出てくる。

このとき、長いほうのブロックチェーンを信頼するのである。

伸びない連鎖は無効になる

この方式は、悪意の第三者が自分に都合のよい偽ブロックチェーンを作ることの防止にも役立つ。悪意の第三者は、やろうと思えば、事のはじめから嘘の取引で塗り固められた偽ブロックチェーンを作ることもできる。しかし、正しいナンスを得なければ、すぐに偽ブロックチェーンだと見破られてしまうので、他の真っ当なマイナーと同様にマイニング作業をやらなければならない。

嘘で塗り固めるのであるから、すべてのブロックを自分で作っていく必要があるが、「長いほうが正統」というルールであれば、それを自分だけで作るのは事実上不可能である。今この瞬間も大勢の真っ当なマイナーが検証作業を続け、正統なブロックチェーンの長さを伸ばし続けているからである。ビットコインでよく「6段階の承認で確定」と言われるが、これは「自分のトランザクションが記録されたブロックの後ろに、5つのブロックがつながれば、ほぼそれが正統なブロックチェーンに育ったと見なせる」という意味だ。

逆に、ブロックの追加が起こらず、分岐した別のブロックチェーンに長さで差を付けられてしまうと、短いほうのブロックチェーンは、**孤立ブロック（オーファンブロック）**として、トランザクションが無効化されてしまう。取引が不成立になるのである。もちろん、孤立ブロックになってしまったブロックの追加を成功させたマイナーへの成功報酬支払いトランザクションも無効になる。つまり、報酬は支払われない。

マイニングに参加していないフルノードも、ブロックチェーンを受け取ったときに、ブロックとトランザクションの検証をして、問題のないチェーンのみを他のノードへと伝達する。いい加減なチェーンを作れば、伝播が起こらず、結果としてそのチェーンは孤立ブロックとなるのだ。

暗号資産で不正に儲ける方法

もし仮に、他の善良なマイナーを圧倒できるほどのコンピュータ資源を、悪意のある第三者が持っていたらどうなるだろう。それほどのリソースがあるならば、真っ当なマイニング作業を通じてブロックの追加を成功させ続けたほうが、よほどローリスクハイリターンな資産形成ができる。

頑張って不正を続けても、仮にそれがばれてしまい、その暗号資産システムの信用が損なわれれば価値は暴落する。不正によってせっかく貯め込んだ暗号資産が無価値になってしまうかもしれない。

ただし、この方法がうまく機能するためには、P2Pネットワークへの参加者が相当数いなければならない。極端な話、参加者が10ノードしかないブロックチェーンであれば、過半数を占めて悪意あるブロックを追加し続けることは比較的容易である。

たとえば、2018年の**モナコイン**の事件では、悪意のあるマイナーが圧倒的な計算速度でブロックの追加を続けたが、それをP2Pネットワークに公開しなかった。そして、正規のブロックチェーンで自分のコインを送金するなどの取引を繰り返したところで、正規のブロックチェーンよりも長く育った不正ブロックチェーンをP2Pネットワークに放流した。そうなると長いほうのチェーンが正統とされるので、この不正ブロックチェーンは、正統なしかし短いブロックチェーンを駆逐して、さも正統なブロックチェーンのように居座ってしまったのである。すると、この不正なチェーンに書き込まれたデータでは、使ったはずのコインがまだ消費されていないことになっていたので、もう一度送金できてしまう。二重送金が可能になってしまったのだ。

言うまでもなく、ビットコインのような最大手でこのような攻撃をしようとするのは容易ではない。しかし、たとえばビットコイン市場でかなりの影響力を持ってマイニングをしてきたけれども、そこがレッドオーシャンになり過ぎたので、小さな暗号資産で少額だけど一儲けするか、といった団体でも現れたら、弱小暗号資産はひとたまりもないかもしれない。

もちろん、リスクは大きいし、容易にこのような不正ができる規模の暗号資産では得られる見返りも少ない。しかし、技術的、構造的には可能だということだ。

ビザンチン将軍たちも合意できる

前の章でも述べたように、ブロックチェーンは信用ならない者同士でも成立する相互監視が大元になっているしくみである。

ルパン三世（原作の劇画版のほう）で、ルパンが盗難を予告したお宝を、銭形が風船の中に入れて宙に浮かべた回があった。イメージとしてのブロックチェーンは、それである。

大銀行の地下深くの重層金庫に収められたお宝は安全そうだが、結局そのセキュリティ水準は金庫を管理している者の信頼度に帰着する。ルパンも怪盗キッドも、多くの場合この管理者を出し抜いたり、なりすましたりすることで、自らの目的である盗難を達成してしまうのだ。

一方で、誰の目にも明らかな場所に置かれたお宝は、一見脆弱そうに見えて、盗みに行くときには相当の胆力とテクニックが必要になる。衆目に晒されたお宝は、全員によって監視されていると考えるべきだからである。

この方法は、**「二人の将軍問題」**や**「ビザンチン将軍問題」**を、よく解決していると言える。二人の将軍問題とは、要塞を攻撃する二つの軍が、同時攻撃を行えば勝利、攻撃タイミングがずれれば敗北という状況で、どう攻撃開始時間を合意するかという問題である。

どちらの将軍に決定権があるのか、決定したとして、相手にどう伝えるのか、伝わらなかったらどうするのか、伝わったか伝わらなかったか不明な場合はどうか、敵軍による諜報活動により嘘の攻撃時間が伝えられたのではないかなど、考えなければならないことは無数にある。

ビザンチン将軍問題は、これを二者間の問題ではなく多数の参加者間の問題に拡張したもので、コンピュータに限らず分散システムで合意形成を行うときに必ず考慮しなければならない問題である。

ブロックチェーンでは、ブロックの追加が合意の証であり、ブロックの追加が繰り返され、チェーンが伸びるほどに、過去のブロックに対する合意が覆される可能性は限りなくゼロに近づく。すなわち将軍の数が増えるほど、攻撃の合意が形成されやすくなるのだ。

図４-35

マイニングの報酬を確認してみたら…

これまでにも何回か使ってきたchainFlyerで、どこかのブロックの中身を確かめてみよう。たとえば、図４－35はビットコインのブロックチェーンにおける、５３９４７６番目のブロックの中身である。

日本時間で２０１８年９月１日に作られたブロックで、ブロック追加の成功（マイニングの成功）による報酬は12・５ＢＴＣである。ブロックの中に記録されたトランザクションは２３１６個で、それらに個別に設定された手数料を合計すると０・

１９１０４７４７ＢＴＣになる。それに先ほどの基本報酬12・５ＢＴＣを足した額が、マイニングを成功させたマイナーに支払われる報酬になる。

下に並んでいるのは個々のトランザクションで、これが２３１６個分、延々と続く。

一番最初のGENESISブロックはちょっと特殊で、chainFlyerで見ると図４－36のように表示される。

最初も最初、本当に出だしのブロックであるから、トランザクションは１つしか記録されていない。ブロックの作成成功に対して支払われた成功報酬を支払う、その１つだけである。

このとき支払われた成功報酬は50ＢＴＣで、今では巨額の価値を持つ額面になっている。くわしくは後述するが、ビットコインの新規流通はマイニングの成功報酬として支払われるものがすべてで、その合計もあらかじめ上限額が約２１００万ＢＴＣと決まっている。成功報酬は21万ブロックが追加されるごとに半減していくが、最初は１回のマイニングの成功で50ＢＴＣもらえたということだ。

chainFlyerとは異なる、blockchain.comのサイトでも同じブロックを観察してみよう（図４－37）。

chainFlyerほど直感的ではないが、より詳細なブロックのデータを見ることができる。図４－35と同じブロックを見ているわけであるから、トランザクション数や取引手数料は同じ値が表

GENESIS
ブロック
0
タイムスタンプ 2009/01/04 03:15:05 JST
ブロック報酬 50.00000000 ₿
手数料合計 0.00000000 ₿
合計出力額 50.00000000 ₿
トランザクション数 1
サイズ 0.28 kB
50.00000000
Inputs: 1 → Outputs: 1

図4-36

ブロック高539476bitcoin blockchainで深さ539476のブロック

サマリー	
ブロック高	539476 (Main chain)
ハッシュ	0000000000000000000236c70154586beffcc061c811f088faa69a575c0db72d0
前のブロック	000000000000000000102b3ee942bfdfaf4058e54ac4e52f45f27608baef6d6b
次のブロック	0000000000000000000af34e620e4af16d1cdc4e4efc962033e4abdacb127f5d
時間	2018-09-01 09:44:54
受け取り時刻	2018-09-01 09:44:54
中継所	SlushPool
難易度	6,727,225,469,722.53
Bits	388618029
トランザクション数	2316
合計出力	12,110.16630462 BTC
推定取引額	419.82406372 BTC
サイズ	1169.518 KB
バージョン	0x20000000
Merkle Root	b0ccb8357066bce458bd86963e1ddc27f3da030290cd372c1891e270a1cf4974
ノンス	2402385639
ブロック報酬	12.5 BTC
取引手数料	0.19104747 BTC

図 4 -37

ブロック高0bitcoin blockchainで深さ0のブロック

サマリー	
ブロック高	0 (Main chain)
ハッシュ	000000000019d6689c085ae165831e934ff763ae46a2a6c172b3f1b60a8ce26f
前のブロック	0000000000000000000000000000000000000000000000000000000000000000
次のブロック	00000000839a8e6886ab5951d76f411475428afc90947ee320161bbf18eb6048
時間	2009-01-03 18:15:05
難易度	1
Bits	486604799
トランザクション数	1
合計出力	50 BTC
推定取引額	0 BTC
サイズ	0.285 KB
バージョン	1
Merkle Root	4a5e1e4baab89f3a32518a88c31bc87f618f76673e2cc77ab2127b7afdeda33b
ノンス	2083236893
ブロック報酬	50 BTC
取引手数料	0 BTC

図 4 -38

示されているが、このブロックに設定された難易度が6,727,225,469,722.53であることや、ナンスが2402385639であることが見て取れる。

記念すべき0番ブロックを、blockchain.comで見ると図4－38のようになる。

難易度は1、ナンスは2083236893である。

chainFlyerでは下のほうに、記念すべき最初のトランザクション（このブロックただ1つのトランザクション）も記されているが、成功報酬であるため入力はなく（ビットコインが新たに生成され）、ビットコインアドレス「1A1zP1eP5QGefi2DMPTfTL5SLmv7DivfNa」へと50ＢＴＣが送金されている。

先頭のブロックは50万回検証された

先ほど説明したブロックやトランザクションの検証作業についても、実例を用いて確認してみよう。たとえば、9月1日に発生した「ebd34d0af51bb8eb6104563920d802f5fd560355801bcf678e4e142d4a333e9cf」というトランザクションのデータを見てみる（図4－39）。

このトランザクションは、当日中に33回確認されている。1日経過したところで、同じトランザクションのデータを見てみると、図4－40のようになっており、確認数が151回へと増えて

chainFlyer
アドレスを検索 / トランザクションハッシュ /
トランザクション
33 確認
受取日時 2018/09/01 19:02:03 JST
サイズ 191 bytes
191 vbytes
ウェイト 764
送信額 0.01911905 ₿
手数料 0.0001582 ₿
82.827 satoshis/byte
82.827 satoshis/vbyte
20.707 satoshis/weight unit
ブロックの高さ 539478
Input (1)
1YyWbW3U4Kp58o7S2rRXsAbq4RMJGV17n 0.01927725 ₿
Output (1)
16WAcUfToQxLRaByvecdQ5gRE2njhAZJMz 0.01911905 ₿

図 4-39

chainFlyer
アドレスを検索 / トランザクションハッシュ / ブロックハッシュ
トランザクション
ebd34d0af51bb8eb610456392d802f5fd560355801bcf678e4e142d4a333e9cf
151 確認
受取日時 2018/09/01 19:02:03 JST
サイズ 191 bytes
191 vbytes
ウェイト 764
送信額 0.01911905 ₿
手数料 0.0001582 ₿
82.827 satoshis/byte
82.827 satoshis/vbyte
20.707 satoshis/weight unit
ブロックの高さ 539478
Input (1)
1YyWbW3U4Kp58o7S2rRXsAbq4RMJGV17n 0.01927725 ₿
Output (1)
16WAcUfToQxLRaByvecdQ5gRE2njhAZJMz 0.01911905 ₿

図 4-40

いる。

ブロックの生成は順調に続いていて、その生成のたびに、トランザクションの検証作業が繰り返されていることがわかる。繋がっているブロックの数だけ、検証作業が行われてきたのである。

つまり、「1日で、118個のブロックが追加された」ということだ。追加されるごとにブロックチェーンは先頭から検証されなおすので、先頭のブロックは50万回検証されていることになる。

例の最初のトランザクションはどうだろうか。chainFlyer で確認してみる（図4－41）。549622回の検証に耐えている、図4－41のスクリーンショットを取得したときの、最新のブロックは549621である。

一方で、新しいブロックを見てみるとどうか（図4－42～44）。まだほとんど確認がされておらず、未確定状態のものもあることがわかる。

図4－42は、まだ1回しか確認されていないので、これは最新のブロックに格納されているトランザクションである。この後、このブロックのあとにどんどんブロックが追加されていき、6回確認されるとトランザクションが確定となるわけだ。

図4－43は、最新のブロックを1として、5つめのブロックに格納されているトランザクショ

chainFlyer
トランザクション
4a5e1e4baab89f3a32518a88c31bc87f618f76673e2cc77ab2127b7afdeda33b
549622 確認
受取日時 2009/01/04 03:15:05 JST
サイズ 204 bytes
ウェイト 816
送信額 50.00000000 ₿
Input (0)
No inputs
Output (1)
50 ₿

図 4-41

chainFlyer
トランザクション
9c9d023a8aedea43ed72ced338fadfeac2974d75c771cb394ab99b949bfc8bd2
未確定 (1 確認)
受取日時 2018/11/11 16:54:32 JST
サイズ 225 bytes
ウェイト 900
送信額 0.12643020 ₿
手数料 0.000113 ₿
ブロックの高さ 549621
Input (1)
0.1265432 ₿
Output (2)
0.00000546 ₿
0.12642474 ₿

図 4-42

図4-43

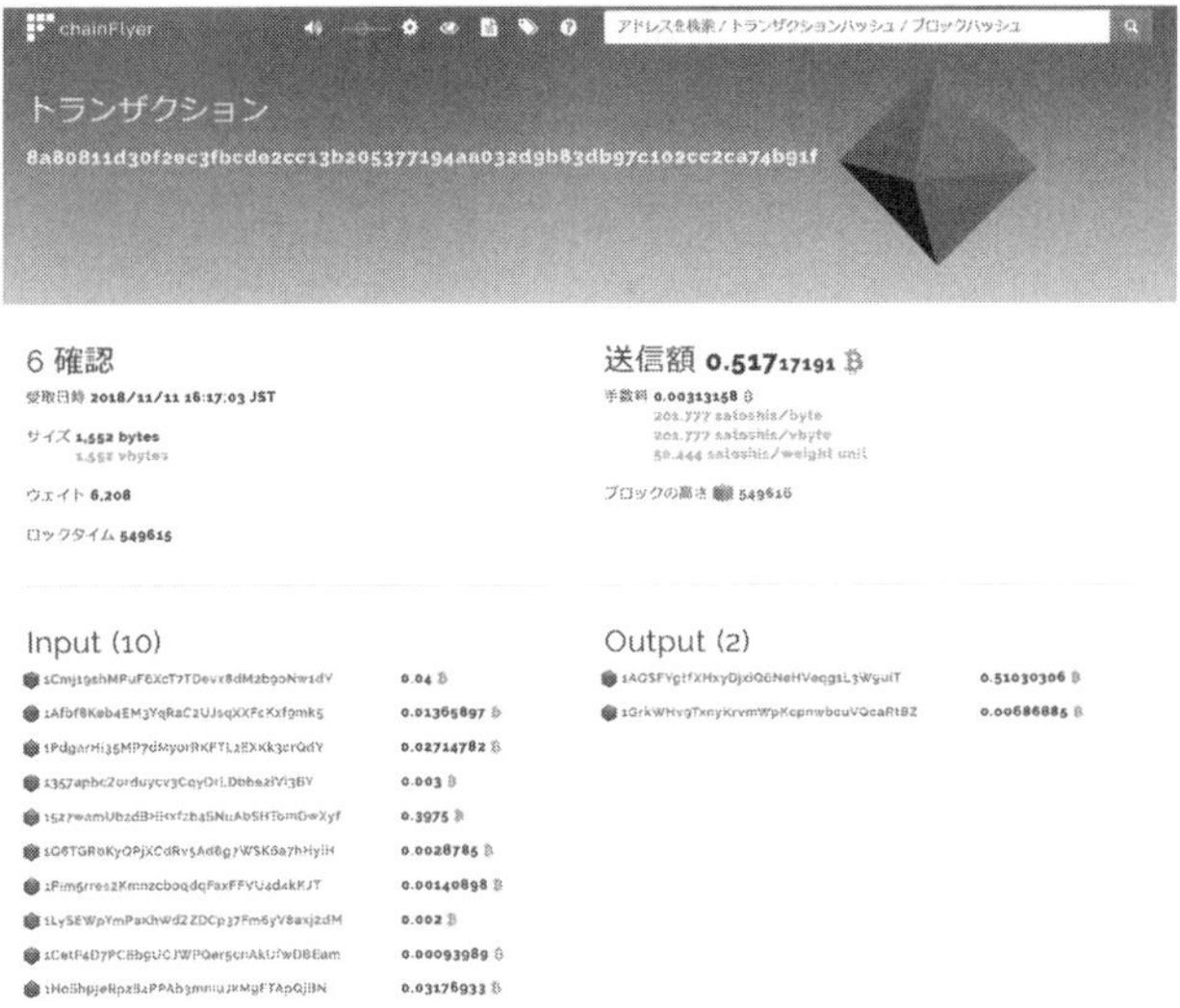

図4-44

ンである。まだ未確定状態だ。

もう1つ遡《さかのぼ》って、6つめのブロックに格納されているトランザクションになると、未確定の文字が消えていることがわかる（図4－44）。トランザクションが確定し、取引が成立したのだ。

そして、これ以降、このデータの書き換えは不可能となる。そう、ブロックチェーンでは、後からデータを更新することはできないのだ。

第5章

ブロックチェーンが抱える課題と他分野への転用

本当に万能技術なのか

ここまでブロックチェーン（というよりも、近年の情報セキュリティ）を支える主要な技術であるハッシュと、ブロックチェーンそのものについて、各章で解説してきた。

おそらく、ここまで読まれた感想は、各人各様だと思う。多くのＩＴ企業が喧伝するように、「素晴らしい技術だ」と感じた人もいるかもしれないし、「既存システムとどこが違うのか」と疑問を持った人もいるだろう。

どちらかといえば、明るい未来が語られることが多いブロックチェーンについて、この章では批判的な視点での考察を加えていこうと思う。

システムの可用性を高めるしくみ

まず取り上げたいのは、ブロックチェーンが生成され、流通するプロセスの無駄の多さである。

ブロックチェーンは、その土台となるＰ２Ｐネットワークに参加するノードが、すべてのデータを持ち、データの検証に参加する。もちろん、これはフルノードの場合であり、一部の機能だけを負担するもっとカジュアルな参加の仕方も用意されているのは、前述した通りである。でも、原則としては、そういうことになっている。

ブロックチェーンの素晴らしさが語られるとき、これは「**可用性**に多大な貢献をするしくみ」としてポジティブに捉えられる。

可用性とは、システムの信頼性を明示する指標の１つで、そのシステムが「使いたいときに、どのくらいの割合でちゃんと使えるか」を表す。一般的には、稼働率＝可用性と考えておいて大丈夫である。

稼働率を計算するためには、平均故障間隔（ＭＴＢＦ：Mean Time Between Failure）と平均復旧時間（ＭＴＴＲ：Mean Time To Recovery）が必要である。詳細に説明しはじめると長くなるが、ここでは動作時間と停止時間と考えておけば十分だ。すると、稼働率は次のように計算することができる。

稼働率＝動作時間／（動作時間＋停止時間）

動作時間＋停止時間というのは、要するに全体時間のことであるから、動く必要のある時間

（24時間365日のこともあるし、営業時間内だけのこともある）のうち、そのシステムはどのくらいちゃんと動いたかを知るための式である。

稼働率9割の製品をどう生かすか

たとえば、10時間の営業時間があったとして、その間ずっと使いたい機械があったとする。でも、期待に反して1時間は故障してしまって（あるいは修理や調整が必要で）使えなかったとしたら、稼働率は90%となる。

$$0.9 = 9/10$$

実際には稼働率が90%というのは、そうとう駄目な製品である。日常生活の中でふだん使いする製品だって、もっと稼働率は高い。でも、仮に稼働率が90%の製品があるとしておこう。

90%ではいざという時に不安なので、これを高めることを考える。古典的な考え方では、製品の質をよくして壊れる確率を下げる。これを**フォールトアボイダンス**と呼ぶ。フォールトアボイダンスはとてもシンプルでわかりやすい考え方だが、経験的にとてもコストがかかることがわかっている。

身近な例を思い出してみても、50点だった算数のテストで、次回60点取れるように頑張るのは、さほどの努力を要しないかもしれない。しかし、90点だったから次は１００点を目指す、ということであれば、よほどの覚悟が必要である。

得点の上げ幅は同じ10点でも、それを達成するためのコストは、現在の立ち位置（50点か90点か）でまったく異なるものになる。しかも、どれだけ努力したところで、やはり１００点は取れないかもしれないのだ。

そこで近年主流になっている考え方が、**フォールトトレランス**である。これは、「全体として、真っ当に動いていればいい」とするものだ。フォールトトレランスを実現するための方法は幾通りもあるが、最も有名で効果的なのが**冗長化**だろう。

「冗長性」を確保する

冗長というと、語感からマイナスのイメージを読み取ってしまうが、情報システムの世界で使われる「冗長」は、ほとんどの場合においてプラスの意味である。

つまり、コンピュータを１台配置しておけば十分なところに２台配置しておく、といったことである。

なぜ、これがよいのだろう。経済的には1台ですむところに2台置くのは合理性がない。しかし、1台目に万一の故障が生じたときに、2台目に仕事を引き継ぐことができる効果は絶大である。この場合、「1台目の機械単体」を見れば確かに故障は起こっているのだが、システム全体は何事もなかったように稼働するのである。

この書き方では、どのくらい効果があるかが実感できないと思うので、数値によって稼働率を出してみよう。先ほどの、稼働率90％の冴えない機械に登場してもらおう。

図5－1に示したとおり、単体で使う場合、この機械の稼働率は90％である。

この機械を2台導入して、どちらか片方が壊れても全体としては稼働し続けられるように、並列つなぎにしてみた（図5－2）。このときの全体稼働率は、機械単体の稼働率を「R」とすると、

$$1-(1-R)(1-R)$$

で計算することができる。

一見複雑な式にも見えるが、Rは稼働率であるから、（1－R）は機械単体の故障率である。

図５－１

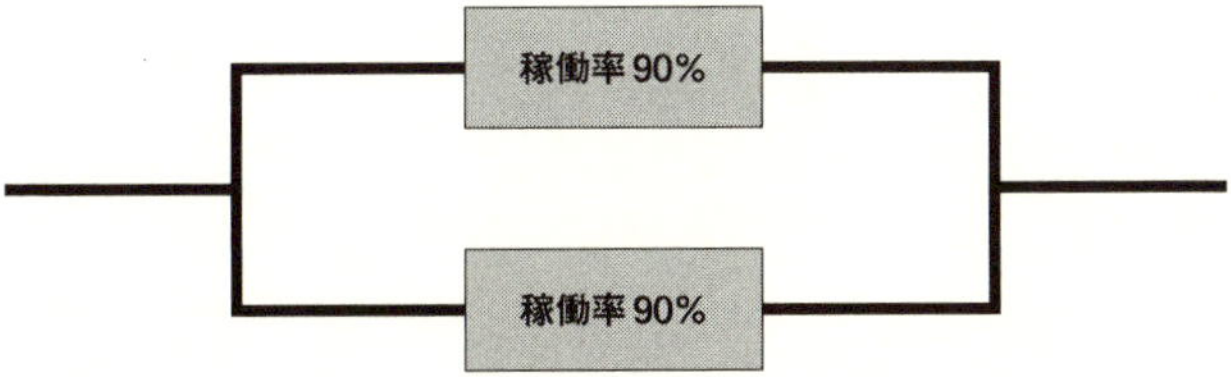

図５－２

したがって、(1－R)(1－R)は、2台設置した機械が両方同時に故障してしまう確率を表している。

これを1(100%：全体時間)から引いているので、式が意味するところは、〈機械が両方同時には故障していない＝全体としてはちゃんと動いている〉率である。

Rが90%(0.9)ならば、この式の結果は99%となる。1台の機械単体で稼働率を90%から99%に引き上げるのは、莫大な研究投資や設備投資が必要だが、フォールトトレランスの考え方を採用すれば、安価で冴えない機械を2台並べておくだけでそれが達成できてしまうのだ。

99.99…%はすでに実現可能

もちろん、並べておく台数が増えるごとに、全体の稼働率は増していく。Rが90%の場合、3台並べれば99.9%、4台では99.99%、5台では99.999%である。

「稼働率が99.999%である」といわれても実感するのは難しいが、たとえば24時間365日の連続稼働をするシステムであれば、1年間のなかで5分ほど故障で止まる時間が見込まれるということだ。99.99%であれば1時間弱止まるし、99.9999%であれば30秒ほど止まることになる。

ところで、IT業界には**ファイブナイン**や**シックスナイン**という言葉がある。9がいくつあるのか、という話で、ファイブナインは稼働率99.999%のこと、シックスナインは稼働率99.9999%のことである。いわゆるミッションクリティカル、たとえば社会インフラを構成するシステムや人の命を預かるシステムで求められる稼働率の水準だ。

もちろんこれは机上の計算である。現実の複雑なシステムで、稼働率99.999%を叩き出すのはロケット打ち上げ並みの難事業だ。しかし、不可能ではない。

実際にファイブナインやシックスナインのシステムは、インフラを中心に社会の至る所で実装されている。

無意味な計算で莫大な電力を浪費

すでに既存の技術で達成されているものに、さらなる新技術を適用するメリットがあるのだろうか。

よく言われるのはコストメリットである。ブロックチェーンのシステムは、そこに自主的に参加するフルノードによって構築、維持されている。通常のシステムであれば、発案者や運営者がこうした構築コスト、維持コストを負担し続けなければならないが、ブロックチェーンはそれをみんなで分担することになる。発案者にとっては夢のような話だ。

しかし、これを社会全体として見てみるとどうだろう。フルノードは常にブロックの検証作業をし続けているし、その中でもマイナーはチェーンに新しいブロックを追加して報酬を得るべく、激烈な計算競争を繰り広げている。そのために投下されるCPU、GPU、メモリ、ストレージ、電力などの資源は膨大である。

コンピュータによる計算の核となるCPU（最近ではGPUやASICが使われる）は、現在では業務用であれ家庭用であれ、通常の用途では想像もしないような規模でマイニングに投入されている。主要なGPUメーカーであるNVIDIAは、2018年夏にマイニングの需要が落ち込んだだけで、株価が5％も下落したほどだ。

また、2018年にはアイスランドにおいて、「ビットコインのマイニングに使われる電力量が、一般家庭全体で消費される電力量を上回った」と報道された。2018年5月には、「マイニングによる電力消費が、2018年末には世界の電力消費の0.5％に達する」との予測がJouleに掲載された。

この記事（https://www.sciencedirect.com/science/article/pii/S2542435118301776）によれば、ビットコインのP2Pネットワークは現時点で2.55ギガワットの電力を消費している。これは3.1ギガワットを消費するアイルランドと同等の規模だ。ブロックチェーンの電力消費は増加予測こそあれ、減ることは考えられていない。

図5－3

果たして、これをお金のかからない持続可能なネットワークと呼べるだろうか？

そして、マイニングのために繰り返される計算は、今のところ何の役にも立っていない。チェーンにブロックを追加する権利と、そこで得られる報酬のために、他の何にも活用しようのない無意味な計算が消費されている。

無意味な作業を意味あるものに

利用者やコンピュータに意味のない作業をさせるという点では、過去にも批判の対象になったシステムがあった。代表格が**CAPTCHA**である。読者も一度は図5－3のような画像を目にしたことがあるはずだ。

これは、システムにアクセスしようといている主体が、人であるのか機械であるのかを見分ける手法の1つである。図5－3の文字列は、人間であれば難なくkodanshaと判別することができるが、（少なくともCAPTCHAが開発された時点では）自動化されたプログラムにとっては難しいタスクだった。

したがって、認証システムにCAPTCHAを組み込むことで、自動化されたプログラムがあちこちのログインページで手当たり次第にユーザIDとパスワードを入力して、不正アクセスを試みたり、大量投稿を行ったりする事態に対応できたのである。

CAPTCHAはセキュリティ対策としては意味があったが、いちいち文字列を入力しなければならない利用者の時間を無駄に消費した。その反省によって作られた改良版が**reCAPTCHA**である。

reCAPTCHAは、紙の記事を電子データ化するプロジェクトと組み合わせて作られている。紙に書かれた記事を電子化する際には**OCR**（Optical Character Recognition：光学文字認識）を使う。現在、OCRの精度は高くなっているが、それでも完璧ではない。きちんと読み取れない文字が大量に生成される。それをCAPTCHAで利用者に解かせる文字列として使うのである。すると、OCRの自動認識に失敗した単語を、人間の利用者が無償で必死に電子データ化してくれるのである。

もちろん、自動プログラムがreCAPTCHAを間違うように、人間の利用者だってその可能性は否定できない。しかし、マーカーとなる別の単語（こちらはちゃんと認識できている単語）と組み合わせて、そちらを正しく入力できている利用者はOCR失敗グループの単語もきちんと認識して入力しているはず、といった推定を組み合わせることで、高い確度で、正しい文字列を得ることができる。

こうして、本来意味のなかった作業を意味のある作業に変えることができたわけだ。

すべてのシステムに導入されることはない

ブロックチェーンも、信じられないほどの電力を投入して膨大な作業を行っているのであるから、それを（社会的には）意味のないナンス取得のための計算競争でなく、何か社会の役に立つ計算で競争できれば、将来的にはマイニングに投入されるリソースの有効活用ができるかもしれない。しかし、いまのところよいアイデアは実装されていない。ブロックチェーンに投下されるＧＰＵや電力は、マイナーには（たまに）報酬をもたらしているし、ＧＰＵメーカーや電力会社を儲けさせてもいるが、社会的には無駄な作業に使われていると言える。

しかも、みんなが同じ作業をしているのだ。ブロックチェーンは分散型のネットワークとよく説明されるが、古典的によく知られている分散したノード同士が役割分担をする方式ではない。みんなが同じ作業をするのである。これは作業効率の点から言えば、完全に無駄だ。

その冗長性こそが、透明性や検証可能性を生むのだから、これは必要なコストである。そうフォローすることもできるかもしれない。しかし、「すべてのシステムがブロックチェーンに置き換わっていく」といった言説は、多分に夢想的である。すべてのシステムで信用ならない管理者が専横をふるって利用者を混乱させているわけではないし、参加者全員によるデータの検証が求められているわけでもないからだ。

そのような分野にブロックチェーンを適用しても、既存システムと比べて使い勝手の悪いシステムになるか、過剰なランニングコストを支払うだけに終わるだろう。

プルーフオブステーク型暗号資産

もちろん、ブロックチェーンの開発者たちも、この状況を座視しているわけではない。

ブロックチェーンを運用する上での要点は、ブロックの追加が正当に、滞《とどこお》りなく行われることであるから、その合意形成の手段を**プルーフオブワーク**（PoW、これまで説明してきたような、ナンスをマイナーたちが総当たりで計算していくしくみ）に限定する必要はない。

たとえば、ビットコインに追従する形で現れてきた多くの暗号資産は、**プルーフオブステーク**（PoS）と呼ばれる新しい方法を実装している。

プルーフオブステークでは、ブロックの追加権を獲得するためにナンスの計算競争をしない。

代わりに**コインエイジ**という概念が織り込まれている。コインエイジとは、コインの保有量にコインの保有期間をかけた値である。

つまり、たくさんのコインを長く保有し続けた者（そのシステムに貢献している者と読み替えられる）が有利になるしくみだ。単純にコインエイジの多寡でブロックの追加権を得ると一者独占の弊害が生じる可能性が高まるため、コインエイジの大きい者が有利なくじ引き方式や、コインエイジが大きいとナンスの難易度設定が下がる方式などがある。またブロックの追加権を得ると、コインの所有期間はリセットされる。そうすることで、独占は抑制される。

いずれにしろ、プルーフオブワークのように激烈な計算競争が起こらないので、電力やＣＰＵといったリソースの無駄遣いを抑制することができる。計算競争をさせる必要がないか、薄いため、取引の承認も早くなる。

そのコインを大量に所有する「システム内金持ち」が不正をしやすいシステムになってしまう懸念もあるが、不正によってそのシステムの価値が毀損《きそん》すれば、システム内における資産は容易に紙くず（腐れデータ）になってしまう。したがって、プルーフオブワーク同様に、〈ブロックの追加権を得る人＝システムの価値を守りたい人〉という状態になっており、不正を起こすモチベーションを減らしている。

ただし、コインを使うモチベーションまでも減らしてしまうため、プルーフオブワーク型のコインよりも流動性が低下する可能性はある。

動き出したら止まらない

また、ブロックチェーンを作った発案者、開発者、運用者(はネットワーク参加者だが)は、一度ブロックチェーンが構成され、動き出してしまうと、それを停止したり変更したりすることがきわめて難しくなる。

これはブロックチェーンの前提だった。中央集権的なサーバが存在して、それを中心にシステムが構築されているのであれば、そのサーバに変更を加えてしまえば良きにつけ悪しきにつけシステムは変わる。サーバに接続させてもらう立場のクライアントは、それを受け入れるか、退出するしかない。

しかし、P2Pネットワークは、そこに参加するノードの一つ一つがシステムの運用者である。その関係は対等であり、誰か1人が(それがそのシステムの発案者や開発者であったとしても)「変更するぞ!」と号令をかけたからといって、変更できるとは限らない。

この原理は、Winnyが未だに稼働していることでも、実証されていると言えよう。Winnyは、その目指していたところは、新しい情報共有・情報流通の形を模索することだったと考えるが、使われ方が問題視され、開発者や違法ファイルのアップロード者が逮捕される事態にまで発展した。その後、開発者も亡くなってしまったため、ソフトウェアの更新もなされず、セキュリティ上の脆弱性を抱えた高リスクなシステムになっている。

こうして多くの人がWinnyの利用から離れたが、それでも違法ファイルのやり取りなどを目的として、2018年時点でも万単位の利用者が残存していることが確認されている。過去の経緯と、現在流通しているファイルの内容からいって、いつ逮捕されてもおかしくないシステムが、である。

一度動き出してしまった管理者不在型の自律システムを止めることは非常に難しいのである。止めるどころか、更新すら難しい。特にブロックチェーンの構造を変更するような更新は、システムのしくみそのものの変更を意味するため、それこそブロックチェーンにブロックを追加するときのように、少なくとも過半数のノードが賛成・同意しなければシステムに変更を加えることは現実的ではない。

したがって、頻繁にシステムに変更を加える用途に、ブロックチェーンは向かない。

「フォーク」への対応

たとえば、フォークと呼ばれる処理（もしくは現象）がある。これは、ブロックチェーンが分岐してしまうことである。これまでの説明においても登場したように、マイニングのタイミングが偶然、もしくは故意によって合致してしまい、2種類かそれ以上、チェーンが同時に存在してしまうことである。

この一般的に生じるフォークについては、しばらく様子を見て、長く育ったチェーンを正統とすることで対応する手段が確立されていた。チェーンが長く育つということは、みんなが何度も確認したということである（ブロックチェーンにおける「ブロックの追加」とは、「ブロックチェーンの確認作業」に他ならなかった）。したがって、長いものを正統とすることは、合理性を持つ。

もちろんこれは、「多数の人が確認する」点が大事なのであって、参加者の少ないブロックチェーンはこの点が怪しくなる。これまでにも触れたように、参加者が少なければ、悪意の第三者は簡単にブロックを追加し続けることができるかもしれない。P2Pネットワークに公開しないで、秘匿しつつブロックチェーンを伸ばしておいて、いきなりそれを「長いチェーン」として公開するような手法もある（図5－4）。

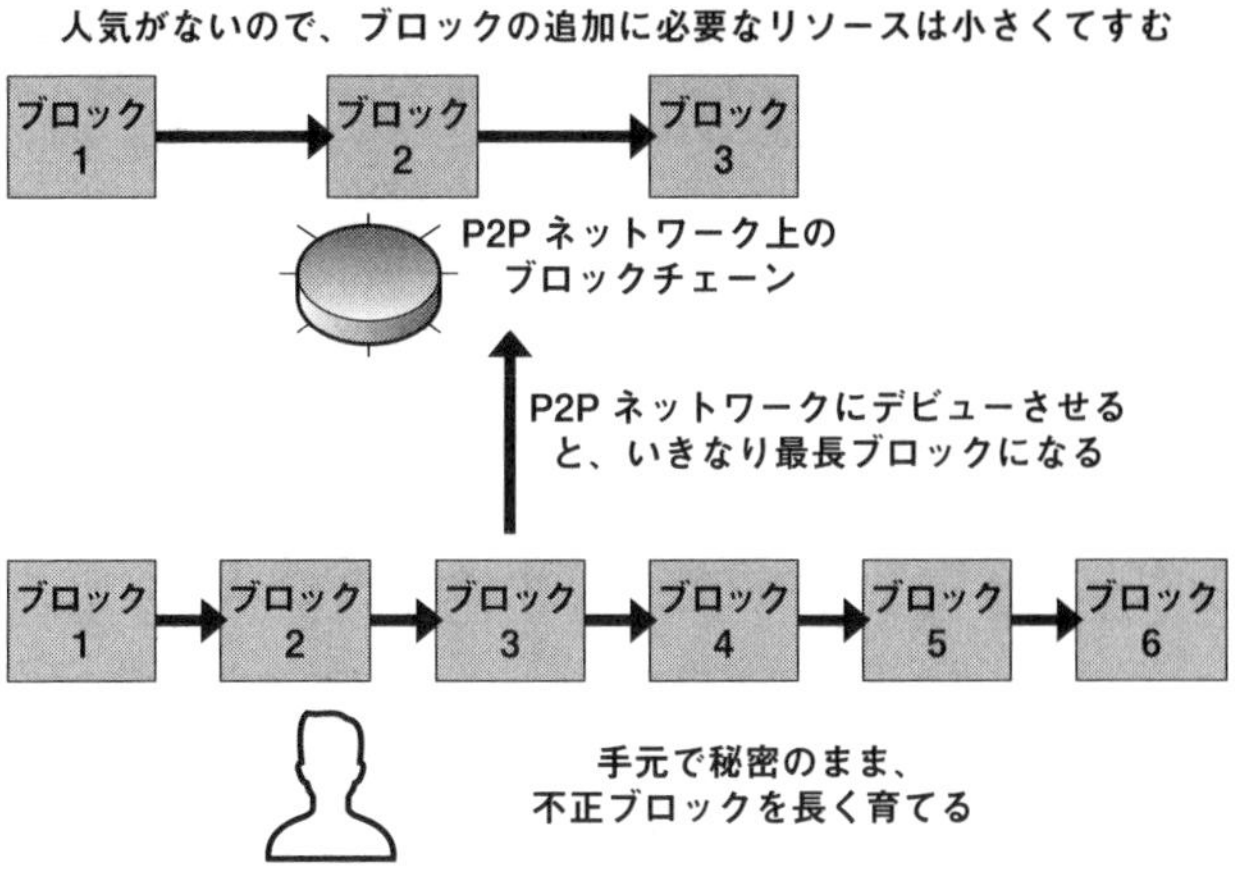

図5−4

もちろん、簡単に不正ブロックを作れるほど参加者の少ないブロックチェーンで不正を行ったとして、どれだけ得ができるかは疑問だが。

システム更新が難しい理由

ブロックチェーンには、これ以外にもフォークが生じることがあり、それを種類ごとに**ソフトフォーク**、**ハードフォーク**と呼んで区別している。これはまさに、ブロックチェーンのシステムを更新しようとするときに起こるフォークである。

言うまでもなく、ブロックチェーンのシステムにおいて最も大事なのは、システムでもネットワークでもなく、数珠つなぎにされたデータそのもの、すなわちブロックチェーンである。繰り返しになるが、システムなど壊れても修理するか買い換えればいい。しかし、データは失われてしまうと再現できなくなる。

ブロックに変更が加わらないようなシステム更新であれば問題ないが、たとえば利便性を上げるためにブロックのサイズを少し大きく（小さく）しようなどと考えると、大変なことになる。

たとえば、ブロックのサイズが大きくなったらどうだろう。ブロックチェーンはP2Pの自律型ネットワークであるため、専横をふるえる管理者がいない。だから、みんなが同じタイミングで旧ルールから新ルールに切り替えてくれる保証はない。むしろ、そんなことは不可能である。

そんな状況で、旧ルールに対応した小さいブロックを追加し続けるノードと、新ルールに沿った大きいブロックを追加するノードが混在したら、作られるブロックチェーンは、ブロックのサイズもハッシュ値も、何もかもが異なるものになってしまう。

そこを何とかするのがソフトフォークやハードフォークである。ソフトフォークの場合は、まずブロックチェーンの構造変更を互換性があるものにする。一般的な例としては、かたくなに旧ルールにしがみついて運用されるノードでも、ブロックの検証や承認はできるようにしておく、でも旧ルールによるブロックの追加はさせない。

一方、いち早く新ルールを適用したノードは、ブロックの検証や承認はもちろん、新ルールに対応したブロックを追加することができる。すると、マイニングに参加して報酬をもらうためには、新ルールを適用しなければならないので、これが誘因となって、管理者がいなくても新ルールに対応した（新バージョンのアプリケーションをインストールした）ノードが増えていくというしくみである。

一見良さそうに思えるのだが、ネットワークへの参加者数や新ルールの出来具合によっては、旧ルールのブロックチェーンが伸び続けて、新ルールのブロックチェーンはちっとも伸びないこともあり得る。新ルールに反対しているノードが多数を占める場合はそうなるだろう。

だから、いかに互換性があって、旧ルールのノードも含めて動き続けることができるといっても、いきなり新ルールを投入するブロックチェーンはまずない。P2Pネットワークに貢献しているマイナーやフルノードの間で合意形成を行って、そののちにシステムの更新が行われるのが普通である。想像に難《かた》くないと思うが、この合意形成を得るのは面倒で、しかもいつも上手くいくとは限らない。

ルール変更のリスクが膨らんでしまう

ハードフォークは、先ほどの言葉を使うなら、旧ルールと新ルールの間に互換性がないシステム更新である。

互換性がないとはどういうことか。新ルールの視点で見れば、旧ルールを使い続けるノードは、もう仲間ではない。ソフトフォークと違って、ブロックチェーンへのブロックの追加はおろか、ブロックの検証や承認もできなくなる。

互換性がないということは、抜本的なルール変更である。いままで日本語だったものがスワヒリ語に置き換わるくらいのインパクトがある。したがって、旧ルールのノードはブロックを取得したとしても、その中に書かれているデータそのものの解釈ができなくなってしまう。仲間はずれになるのである。

一方で、新ルールに移行した側にもリスクはある。ソフトフォークであれば、旧ルールの適用ノードもブロックチェーンの検証と承認を行える仲間であった。ブロックの新規追加ができないだけで、一緒にP2Pネットワークを運用していくことができたのである。

しかし、ハードフォークをしてしまうと、旧ルール適用ノードの手を借りることはもうできない。旧ルールで動いているノードと、新ルールで動くノードは別のシステム、別のネットワークになるのだ。もし新ルールを企図して、作り、適用したとしても、誰もそれについてきてくれなければ、自分自身が仲間はずれになってしまって、相変わらず旧ルールのシステムが大勢力として稼働し続けるかもしれない。もしそれが暗号資産のシステムだったとしたら、自分が持っている暗号資産が無価値になってしまう可能性もある。

したがって、ハードフォークによるシステムの変更は、相当にリスクが大きいと考える必要がある。もちろん、どんなシステムでも（それが情報システムでなくても）変更にはリスクが伴うが、管理者がいないこと、Ｐ２Ｐネットワークであることがこのリスクを大きく押し上げていると言えるだろう。

もちろん、これまでには管理者不在、Ｐ２Ｐネットワークのメリットを見てきたわけであるから、ブロックチェーンの効能を否定したいわけではない。ただ、万能で隙のないシステム、何にでも適用できるシステムなど存在しないし、ブロックチェーンを利用するのであれば、そのデメリットも正確に知っておく必要があるということだ。

抜本的な対策は面倒だ

では、どうしてハードフォークなどというやっかいな処理をするのだろう。少なくとも、新旧のルールが混在していても、稼働はできるソフトフォークを選択すべきではないのか。

互換性というのは、意外に維持しにくいものなのである。たとえば、電車の乗り降りに時間がかかるとして、「ドアのサイズを大きくしてしまえ」はハードフォークである。目的に対してとても効果があるが、副作用も大きい。電車のドアの大きさを変えてしまえば、ホームドアも作り替える必要が出てくる。電車の運用方法も変わってくるだろう。

一方、ソフトフォーク的な考え方では、ドアのサイズは変更しない。プラットフォームでの乗客の並び方に工夫を凝らそうとか、せいぜいドア付近の手すりの形状変更で乗客の動線を塞《ふさ》がないようにしようとか、そういった対処がなされる。これであれば、ホームドアまで見直すような大がかりな作業をせずにすむ。しかし、大変更をしにくい分、目的に対する効果は限定的である。

だから、ブロックチェーンに対して抜本的な変更を加えるような場合には、ハードフォークに頼らざるを得ない。一番ありそうなのは、いまのしくみだと性能の限界が見えてきたので、ブロックの大きさそのものを変更しようといったケースである。

セキュリティ問題などは合意が得やすいからいいのだが、たとえばマイニングで解くべき問題を変更しようなどとすると、現在の問題で上手くいっていて大きな利益を得ているマイナーと、下克上を狙いたいマイナーの意見が一致することはない。

ハードフォークは、そもそものブロックチェーンのしくみを発想したときから、「いつやる」、「どのようにやる」、「この条件が整ったらやる」などとしくみ自体に組み込んでおかないと、実施に苦労することになる。

もちろん、ブロックチェーンを分岐させてよいのであれば、ハードフォークの実行は比較的容易である。実際に、本流のブロックチェーンから分岐したブロックチェーンによって構成された派生システムは多数存在するし、今も作られ続けている。有名どころでは、ビットコインから分岐した**ビットコインキャッシュ**などがそうだ。

中央集権型ブロックチェーン

このように、ブロックチェーンのしくみは合意形成がとても面倒で難しい。それはそうである。もともと、信用ならない者同士が形成するネットワークで、互いを信用できはしないけれども、そこで生成されるデータだけは信用できるものを作れるのがブロックチェーンの最大の特徴なのだから。

猜疑心と疑心暗鬼に満ちている空間で、スムーズな合意形成が行われたら、それはそれで変である。異様に手間のかかるマイニング作業がシステムに組み込まれているのも、すべては誰も信じられない環境で信頼できる結果を手にするための工夫である。

だから、合意形成が面倒なのは、もうブロックチェーンの宿命と言えるのだが、実システム運用を考えると、ブロックチェーンの長所を活かしつつ、円滑にシステムを更新したいというニーズもある。そのような目的のために考えられたのが**プライベートチェーン**と呼ばれるブロックチェーンである。

これまで説明してきた、参加者が誰なのか何人なのかすら特定できないブロックチェーンは、この場合**パブリックチェーン**と呼んで区別する。

プライベートチェーンは、確かに運用しやすい。中央に管理者を立てて、参加できるノードも管理者による許可制にする。管理者は、ブロックを承認することや、チェーンを遡って作り直す強大な権限を持っている。

中央集権的なこのしくみであれば、柔軟なシステム変更や、間違ったデータの消去（パブリックチェーンでは、現実問題としてデータは書き換えられない）が実現可能である。仮に参加者による合意を取り付けるにしても、単純多数決のような方法をとることもできる。不特定多数が参加するパブリックチェーンでは、そもそも参加者の総数すら把握できないので、単純な多数決は実行不可能なのだ。

ビジネス用途では、即時のシステム変更やデータの変更・消去が求められることがあるため、実務向けには魅力的に映る。実際、各企業が自社システムや自社サービスにブロックチェーン技術の導入を表明しているケースでは、プライベートチェーンを採用していることが多い。

それはそうだろう、誰だって自社サービスに得体の知れない参加者を混ぜて、しかも意思決定にその人の合意が必要なしくみなど作りたくない。迅速なサービスや主体的なサービスの提供ができなくなってしまう。

「お店でビットコインで買い物」が現実的でない理由

実際、パブリックチェーンにおいて、迅速な取引ができないことを突いた攻撃方法は存在する。

たとえばビットコインでの支払いを許容する実店舗なども（主に話題性を提供するために）現れているが、こういった試みにはリスクが残る。

ビットコインのブロック追加速度（取引＝トランザクションの承認速度）が10分間隔であったことを思い出して欲しい。

高額な買い物をするとき、クレジットカードのオーソリセンターに確認を取られる手間だっていらいらすることがあるのに、少額決済もできることが売りのビットコインで、店頭購入に10分も待たされたら客は怒り出すし、店舗のオペレーションも破綻する。だから、この種のシステムを導入している店舗は、トランザクションが承認されていないことを承知で客にモノを売ってしまう。それで、後から「あのトランザクションは不正だった」ということがわかり、代金を取りっぱぐれることがあるのである。

近年多数出現している、**オルトコイン**と呼ばれる新興の暗号資産は決済速度を重視したものも多いが、この点はブロックチェーンシステムの本質的な問題として、将来も残存し続けるだろう。

だから、企業の立ち位置からすれば、自らのビジネスにプライベートチェーンを導入するのはごく自然なことなのだが、それは本当にブロックチェーンである必要があるのだろうか。

「信用できる管理者」の意味は薄い

ブロックチェーンの最大の特徴は、参加者が誰も信用できなくても、計算結果が信頼できることである。だから、「横暴な国家権力がころころ制度を変更するような国で、身元確認のために使えないだろうか」とか、「銀行が異様に高い送金手数料を徴収する海外送金の分野で、価値の移動に使えないだろうか」とか考えられ、実際に利用が進んでいるわけである。

この場合、国家権力は信用ならないし、銀行も「不当に高い手数料を取っているのでは?」「悪意はなくても低廉にする努力を怠っているのでは?」という意味で信用ならない。こういう分野でパブリックチェーンを使うことには意味があるし、今までは不可能と考えられていたサービスを作っていくことも可能だろう。

しかし、そのネットワークの中に、たとえ利便性のためとはいえ、管理者を置いてしまうのであれば、このブロックチェーン最大の特徴が失われてしまう。「その管理者は信用できるのか？」という問題が、再び立ち現れてしまうのだ。

このときもし、「銀行は信用できるだろう。大丈夫だ」と考えるのであれば、本当にそのシステムにブロックチェーンを導入する必要があるのかは疑問である。管理者が信用できるなら、データを記録しておくシステムは既存の**リレーショナルデータベース**でも良いはずである。

データベースへのデータ書き込み速度、コストパフォーマンス、管理のしやすさのすべてにおいて、リレーショナルデータベースがブロックチェーンを上回るだろう。ブロックチェーンのデータは検証可能だが、管理者に認められたノードしかネットワークに参加できないのならば、あるいは仮にそこで得られたデータを一般公開したとしても、そもそも管理者にデータの変更権限があるのならば、検証そのものに意味がなくなる。

51％を取れば大勝利？

プライベートチェーンの管理者が独裁的に振る舞うリスクを低減しつつ、運用性も向上させるために、**コンソーシアム型のブロックチェーン**も提案されている。

これは管理者の相互監視体制を敷くもので、現実の組織の三権分立のように複数の管理者を立て、この管理者間で合意形成を行うものだ。

これなら、参加する管理者間の利害が対立するような場合には、牽制効果が得られるだろう。

しかし、「みんなで検証できるわけではない」、「結局、管理権限が寡占されていて、それを信じてよいものか疑義がある」点は、悪意ある改ざんの可能性を低くしているだけで、プライベートチェーンと変わりがない。

極端な言い方では、現行のビットコイン（パブリックチェーンの代表例と考えられている）でさえ、「マイニングプールの存在によってコンソーシアムチェーン化している」と指摘されることもある。

マイニングプールとは、統一された意思のもとでマイナーを集めた巨大なマイナー集団で、マイニングが成功して報酬が得られると、その貢献度に応じて各マイナーに報酬が分配されるしくみになっている。

事実上、ビットコインなどのメジャーなブロックチェーンにおいて、個人がマイニング競争に勝つことは不可能になりつつある。どこかのマイニングプールに参加して、チームの一員として報酬を得るしかないのだ。

このマイニングプールがあまりにも巨大になったため、現在のビットコインではいくつかのマイニングプールが談合すれば、不正なブロックを追加することも不可能ではない状態になっている。これは**51％攻撃**と呼ばれている。P2Pネットワーク全体の過半数を占めるほどの計算能力を、特定の個人や組織が持てば、不正なブロックを伸ばしていって、正統なブロックチェーンとしてネットワーク全体に伝播させる可能性が高まる、というものである。

もちろん、51％というのは比喩的な表現だ。マイニングには運の要素もあるから、51％の計算能力を確保すれば必ず不正がまかり通るわけではない。

言葉を返せば、51％に至らずとも、それなりの計算能力を寡占すれば不正ができる余地が大きくなるということだ。

もちろん、そんな不正がばれれば、ビットコインの価値自体がゆらぎ、自らがビットコインとして所有している資産が目減りしてしまう。だから51％攻撃を実行するのはきわめてハイリスクである。

そのように自制がかかること自体がブロックチェーンの長所なのだが、コストを度外視した破壊の可能性はある。

「いざというとき」「隠したいとき」に有効なのか

ブロックチェーンについて、「すべてのノードにブロックチェーンのデータが存在するから、災害時などにデータを失うリスクが少ない」という利点も挙げられるとは思う。

しかし、単に可用性だけを問題にするのであれば、先にも述べたようなミッションクリティカルシステムにおいて、ファイブナインやシックスナインを達成する技術は昔から考案され、実装され続けてきた。

ブロックチェーンに頼らずとも、人の命を預けられる水準で信頼できるシステムは、もっと安価でコントロールしやすい既存技術で構築可能である。

また、用途としてブロックチェーンの適用が向いていない仕事やデータも、当然ある。

パブリックチェーンでは、データの改ざんが事実上できない。だから、書き換えられては困るデータを保存しておくのに最適である。

取引の記録などは、まさにそうなのだ。後から書き換えられてはかなわないし、たとえ間違いのデータであっても、間違えた事実自体を残しておきたい。だからブロックチェーンに記録すること自体に価値がある。

最近注目されている投票や個人情報の記録にも、活用することは可能だろう。投票などは、時の権力者によって結果が左右されていないか、最もみんなで確認したいイベントである。改ざんの有無が検証できる点も心強い。

個人情報の記録もそうだ。不正に扱われていないか、誰でもチェックできるとしたら、個人情報の活用にも拍車がかかるかもしれない。個人情報は、たとえば引っ越しなどにより、頻繁に書き換えが発生するが、その場合でも以前に住んでいた住所は残しておきたいので、書き換えができないことによる問題は生じない。

でも、映像やソフトウェアの配布などに利用しよう、などという用途には不向きである。改ざんされない特性自体はこの用途でも有用に機能するが、ソフトウェアなどは頻繁に変更が発生する。このとき、データを上書きすることができない。最新版だけを配布すればいいのに、各バージョンのソフトウェアが延々とチェーンに残存するのであれば、データ量的には悪夢である。「すべての版の映像やソフトウェアを残しておきたいんだ」といった目的であれば、それこそコストパフォーマンスや運用性の点において、別のしくみを検討したほうがよい。

また、パブリックチェーンの長所である、全員参加によるデータの検証は、データの秘匿用途にはまったく向かない。正反対に位置する技術である。秘匿すべきデータをブロックチェーンに記録するシステムを提案するとしたら、その存在意義を再検証する必要があるだろう。仮にブロックチェーン内のデータを暗号化するとして、何故暗号化したデータをP2Pネットワークに流通させなければならないのかは、真剣に検討されるべきである。

取引相手が善意かどうかは保証しない

パブリックチェーンの「データを消せない」特性が不利に働いた事例として、暗号資産の不正送金を挙げることもできる。

システムの脆弱性を突いて、不正な送金が行われたとき、ブロックチェーンではすべての取引記録が公開されているから、その送金過程を追跡することはできる。でも、書き換えられないから取り消すことはできない。「不正送金はこのトランザクションだ」と特定できても、周囲がお金を取り戻すためのトランザクションを作ることはできない。

もし、そういうことがしたいのであれば、プライベートチェーン化してシステムに介入して不正を正せる管理者を置く必要がある。だから、企業が何らかの自社サービスを検討するときに、プライベートチェーンが俎上《そじょう》にのぼるのである。

しかし、プライベートチェーンのしくみは、ブロックチェーンの特徴や長所と考えられている要素をかなりの部分で骨抜きにする。既存技術で同等の機能を低コストで実装できることも多いのは、先に述べた通りだ。

繰り返すが、「ブロックチェーンが証明するのは、トランザクションの正当性」である。これが矛盾することがなく、改ざんできないことはブロックチェーンの大きな長所だ。しかし、トランザクションというのは、たとえば暗号資産であればお金のやり取りの部分の記録であって、取引相手の正当性を証明してくれるわけではない。

これは一般的な通信技術についても言えることである。たとえば、Ｗｅｂページを見るための技術として私たちはhttpを使っている。この技術を使うことで、ブラウザなどでＷｅｂページを閲覧できる。

しかし、盗聴のリスクがあるため、近年ではインターネット全体における通信の暗号化が進んでいる。ブラウザのアドレスバーの先頭には、どんな通信が行われているかを示すメソッドが表示されるが、これがhttpからhttpsに置きかえられつつある。Ｗｅｂページそのものに「この通信はＳＳＬ／ＴＬＳで暗号化されているので安心です」といった表示があるのを目にすることも多くなった。暗号化には（コンピュータ的に）手間と時間がかかるので、以前はパスワードを送信するときなどに限定されていたが、近年ではGoogleなどが主導してすべての通信を暗号化する方向へ誘導している。

ただ、通信を暗号化すれば安全というものでもない。たとえば、ＦＡＸは相当に安全な通信手段である。ＦＡＸ通信を第三者が通信途中に盗聴するのは難しいだろう。しかし、私たちは到着したＦＡＸが意外に杜撰《ずさん》に扱われている現場に出くわすこともある。そんなとき、悪意のある者はわざわざＦＡＸ通信を盗聴しようとは考えない。到着した後のＦＡＸをゴミ箱から回収してくるほうがよほど楽だからだ。

危険な相手とかかわっても取り消せない

また、暗号化通信をしている相手が、そもそも悪い人だったということもある。Ｗｅｂページの閲覧に使われるＳＳＬ／ＴＬＳ技術は、なりすまし（有名企業と通信しているつもりが、実はそれを騙る悪意の第三者だったなど）を防止するために、Ｗｅｂページを配信するサーバにデジタル証明書を置いている。第三者機関が存在確認をしているので、そのサーバは大丈夫というわけだ。

しかし、その「大丈夫」にもランクがある。証明書は証明の度合いとコストのバランスから、「ドメインの所有権を確認するもの」、「組織が実在することを書面や電話で確認するもの」、「それをさらに厳密に行う（たとえば企業の所在を物理的に確認する）もの」の3段階にわかれている。最も厳密に確認されている証明書（**ＥＶ証明書**）を持つサーバに接続すると、ブラウザのアドレスバーが緑色になるのでおなじみだ。

ドメインの所有権はかなり簡単に入手できるので、「第三者機関がデジタル証明書を発行している」といっても、その信頼性には疑問符がつく。さらに言えば、もっと高次のデジタル証明書を取得している企業でも、その証明書が証明しているのは、企業やサーバの存在証明であって、企業のガバナンスや財務状況が証明されているわけではない。金ぴかの証明書を持ったマネーロンダリング企業と、暗号化通信をしてしまう可能性はあるわけだ。

暗号化通信を行う場合には、この点に注意する必要がある。そしてこの注意は、そのままブロックチェーンにも敷衍《ふえん》できるのだ。

ブロックチェーンは、そのネットワークに参加するノードがよってたかってトランザクションやブロックの正当性を検査する。数珠つなぎになり、積み上げられたブロックの鎖は、それが長くなるほどに改ざんが難しくなり、正当性が確かなものになっていく。しかし、ここで積み上げられる正当性は、トランザクション（ビットコインであれば〈取引→コインの移動〉）の正当性だ。取引相手の正当性ではない。

そもそもブロックチェーンとは、互いに信用しない参加者だけで構成されたネットワークでも、矛盾やごまかしのない結果を導くためのしくみだったではないか。

つまり、ブロックチェーンで、たとえば暗号資産のシステムを作った場合、取引は実行され、それが覆ることはないから、お金を取りっぱぐれることはない。しかし、取引相手が反社会的勢力であるかどうかはわからないし、仮にそうであることがわかっても、銀行の送金の組み戻しのように、取引を取り消すことはできない。これは、コインを間違って支払った場合もそうだ。

暗号資産の取引所はシステムの「外」

この、「ブロックチェーンの信頼性と、取引相手の信頼性が別物である」という問題は、実は私たちの身近に転がっている問題でもある。

たとえば、現在のビットコインに参加しようとする人が、ビットコインのコアシステムを導入してマイナーとなり、マイニングの成功報酬によってビットコインを入手することはほぼ不可能である。もう1つのビットコイン獲得手段である手数料収入についても、入手はほぼ不可能だ。なぜなら、どちらもマイニングの成功によって支払われる報酬であって、海千山千のマイニングプールが跳梁跋扈《ちょうりょうばっこ》する状態で、個人がマイニングを成功させることは砂漠で針を探すほどに難しいからである。

だから、ビットコイン（それ以外のたいていの暗号資産もそうだが）と私たちの接点は、暗号資産の取引所になる（図5－5）。取引所はそれ自身がノードであり、暗号資産の運用に貢献し、暗号資産を持っている。そして、それを小分けにして通常の手段では暗号資産を手に入れられない個人に売るのである。もちろん、個人が暗号資産を売りたいときの買い取りや仲介も行う。

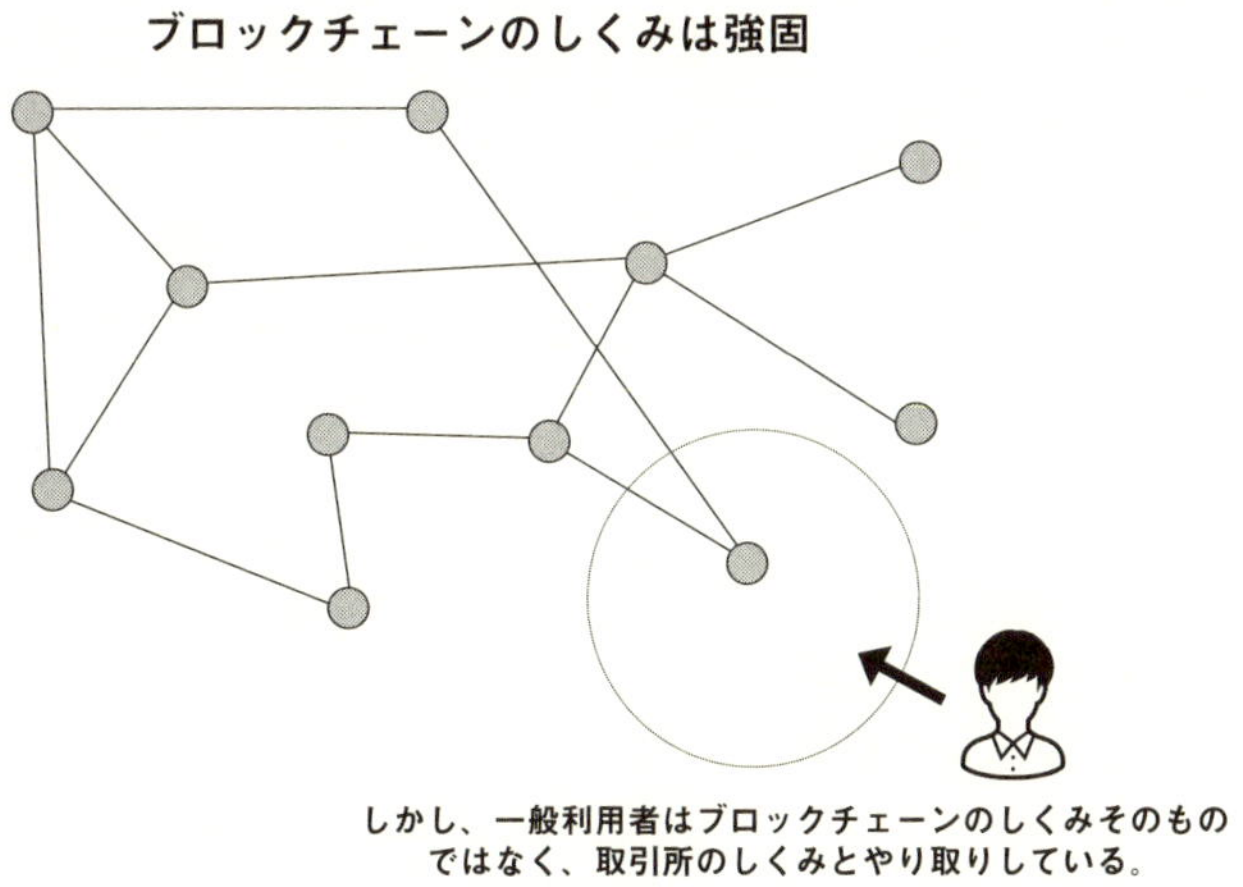
ブロックチェーンのしくみは強固
しかし、一般利用者はブロックチェーンのしくみそのものではなく、取引所のしくみとやり取りしている。

図５−５

個人はビットコインを持っていないのであるから、この売買はたとえば円対ビットコインやドル対ビットコインの形になる。

ビットコインにしろ、他の暗号資産にしろ、現実の法定通貨との接点はシステム（ブロックチェーン）の中に組み込まれていない。したがって、円とビットコインを交換するシステムは取引所が用意した自前のものだ。

これまでの説明でも、ブロックチェーンのしくみそのものが（特定の領域では）強固であることは明らかである。それは、「改ざん不能性」と「不特定多数ネットワークでの適切な振る舞い」から証明できた。

しかし、一般的な利用者が暗号資産のＰ２Ｐネットワークに直接参加するのは無理で、そこにアクセスするためには取引所を介さなければならないとしたら、利用者のセキュリティ水準は取引所のセキュリティ水準とイコールになる。そして、取引所の中がどんなシステムになっているかは、ふつう公開されることはないのだ。

少なくとも、取引所の中のシステムがブロックチェーンで動いているわけではない。利便性や業務への適合性を考慮して、既存のシステムで運用されている。その運用水準は取引所ごとにまちまちである。もしかしたら、銀行並みに堅牢《けんろう》なシステムとして設計されているかもしれないし、届いたＦＡＸを放置しておく杜撰《ずさん》などこかの営業所のように、ろくでもないシステムが実装されているかもしれない。

インセンティブを設計できるか

また、報酬が自明でないパブリックチェーンにおいて、参加者がどのように振る舞うのかは、実はまだよくわかっていない。

ビットコインのしくみは、この点においてよくできている。これまでにも何度も議論してきたように、ブロックチェーンシステムの運用には本来非常にコストがかかる。しかし、ビットコイン、というかＰ２Ｐネットワークではこの必要なコスト（ＣＰＵなどのシステム資源）をみんながよってたかって持ち寄ってくれるのである。

むろん、善意で集まっているわけではない（そういう人もいるだろうが）。むしろ、パブリックチェーンは「参加者がみんな悪い人でも、出力される結果が信用できる」というところに妙味があった。ビットコインは、この点を「マイニング成功者への新規コインの発行」という方法で解決したのだ。

閉じた自律金融システムの中でのコイン発行である。いかようにも発行可能であり、元手はかからない。みんながこれを目の色を変えて欲しがるから、ビットコインのシステムは回っているのである。暗号資産は流通させている情報自体が資産＝報酬なので、インセンティブのシステムを組みやすいのだ。

だが別の情報を記録し続けるブロックチェーンでは？　議事録を記録するブロックチェーンにおいてマイニングに成功して、新規の議事録や議事録発行権をもらってもあまり嬉しくない。通貨以外のシステムでインセンティブ設計をするのはとても難しい。

カジノのギャンブルシステムでも構築すればいいだろうか？　ギャンブルの公平性について胴元に不信感を抱いているギャンブラーは多いだろう。ゲームのプロセスをすべて記録しておくブロックチェーンは成立するかもしれない。マイニングの報酬もカジノコインと親和性が高そうだ。しかし、すべての履歴が明らかになったら、胴元の控除率（テラ銭）の高さまでつまびらかになってしまって、誰もギャンブルをやらなくなるかもしれない。

ビットコインが終わる日

もちろん、暗号資産はインセンティブになる。しかし、だから安泰だ、というわけではない。マイニングに参加してシステムの運用に貢献し、暗号資産をもらえたところで、その資産に価値がなければもらった意味がない。そして、資産の価値は多くの人が認めることによって初めて導出されるものであるから、暗号資産のシステムは結局のところ参加人数を極大化させ、常に資産の価値を増大させ、それを証明し続けないと継続的な運用が怪しいことになる。

どんな新規資産に人気がでるか（価値が高まるか）は、仕様の優劣はもちろん重要な要素であるものの、偶然やタイミングに左右される部分も大きい。したがって、多くの新規資産が登場し、多くの先行者がマイニングに投資しているが、その大半は利用人数が伸びず、少数のマイナーに無価値な資産を発行しただけにとどまっている。

大きく育った暗号資産ですら油断は禁物だ。円やドルといった通貨と同じように、暗号資産も常にインフレのリスクに晒《さら》されている。無造作に発行すれば、それは価値ではなくただの数値になる。

だから、ビットコインではマイニングの成功によって得られる報酬が、21万ブロックごとに半分になっていくしくみになっている。

GENESISブロックのところでも見たように、最初はマイニングを成功させると50ＢＴＣを得ることができた。これが、21万ブロックにまでチェーンが伸びたときに25ＢＴＣになり、42万ブロックで12・5ＢＴＣになり、現在に至っている。63万ブロックに達すると、報酬は６・２５ＢＴＣになってしまう。

これは、インフレを起こさないためには有効なしくみである。ビットコインの上限発行量は２０９９９９９９・９７６９ＢＴＣである。それ以上は増えない。増えないから希少性があり、コインに価値が生じるのである。でも、マイニングの成功報酬に比べて、もう一つのコイン入手手段である手数料収入は、微々たるものであるため、みんなが発行上限に達する前にマイニングを成功させようと、どんどんマイニングに参加する。

最初はネットワークを拡大し、システムの価値を増大させるために必要だったとしても、途中で手綱を握ってペースを落とさないと、急速に資産が発行されインフレを起こす可能性がある。そこで、報酬を減らしていって、資産発行量を調整するのである。

それでも、いつかは上限発行量に達し、マイニングの報酬が支払われなくなるときがくる。このときビットコインがどうなるかはわからない。わからなくてもいいほど、（半減を繰り返して０に近くなってはいても）上限に達するのは先の話だし、そのころにはもうビットコインはなくなっているだろうと考えることもできるが、もしもこの状態に至ると、ビットコインのP2Pネットワークにシステム資源を投入して運用に貢献しても、得られるのは手数料収入だけになる。

これがマイナーにとって魅力的かどうかはわからない。その頃には、十分にネットワークが育っているから、手数料収入だけで十分に魅力的だと見る向きもあるし、ちゃんちゃらおかしくてやっていられないと予測する人もいる。

「おいしい暗号資産」は消えた

すでにブロックの追加を成功させるためのシステム資源は膨大なものになっている。マイナーは費用対効果には敏感だ。報酬が投資に対して割にあわないと感じたら、瞬時にそのP2Pネットワークから退出するだろう。報酬が低減するのならば、ブロック追加の難易度そのものを下げる考え方もあるが、それはそれで不正が起こりやすくなる。痛し痒《かゆ》しなのだ。

現状ですら、各暗号資産のマイニングに挑戦する際の損益分岐点は明確に数値化されている（図5－6、5－7）。もうマイニングはマイナーにとってビジネスなのであるから、シビアになるのは当然である。得られる金額よりも、そこに投じる金額が大きくなるのであれば、その市場から退出するのは当たり前である。

Break-even points for bitcoin mining

Bitcoin miner type	Retailer	Large scale mining farm	ASIC vendor
Hardware cost	$ 1,050	$ 1,050	$ 450
Daily revenue at Bitcoin price = US$7,000	$ 7.05	$ 7.05	$ 7.05
Electricity cost (per kWh)	$ 0.05	$ 0.03	$ 0.03
Daily profits	$ 5.40	$ 6.06	$ 6.06
Snapshot payback period (days)	194	173	74
Two year breakeven point	**~$10,200**	**~$8,600**	**~$5,000**

図5－6　（出典：http://www.itmedia.co.jp/business/articles/1804/20/news094.html）

ただ、簡単に得られる暗号資産（人気のない暗号資産）からは、マイニングに成功しても見返りが少ない（コイン自体の価値が小さい）。いまや各マイナー（組織化されたマイニングプール）は、鵜《う》の目鷹《たか》の目で新規発行コインを狙っている。純然たるレッドオーシャンである。牧歌的だった数年前のように、「たまたまマイニングに成功したコインが急速に価値を高め、一財産を築く」といったバイナリードリームを夢見る状況ではなくなっている。

いたちごっこの世界へ

インセンティブ設計をしやすい暗号資産のシステムでさえ、こうした悩みを抱えているのであるから、その他の用途に使うブロックチェーンはこの点に非常に悩まされることになるだろう。

矿机	币种	关机币价¥
S9	BTC	¥30262
S7	BTC	[illegible]
T9	BTC	¥36792
T2	BTC	¥26636
M3+（降频版）	BTC	¥44164
A841	BTC	¥28957
A741	BTC	[illegible]
L3+	LTC	¥314
A4+	LTC	¥239
570 6卡整机	ETH	¥882
580 6卡整机	ETH	¥890
1060 6卡整机	ETH	¥863
1060 6卡整机	ZEC	¥869
1070 6卡整机	ETH	¥809
1070 6卡整机	ZEC	¥682
1060 6卡整机	ETH	¥863
1060 6卡整机	ZEC	¥869
1070 6卡整机	ETH	¥809
1070 6卡整机	ZEC	¥682
D9	DCR	¥102
A3	SC	[illegible]
D3	DASH	[illegible]
B3	BTM	[illegible]

図5-7　（出典：https://jp.cointelegraph.com/news/major-mining-pool-f2pool-publishes-list-of-minimum-prices-for-profitable-crypto-mining/amp）

たとえば、手数料収入で報酬をまかなえるのか。ネットワークが小さいうちは手数料収入も小さいものだが、担い手がいなければネットワークそのものが育たないし、育てるためにはインセンティブがいる。

誰かスポンサーを付けるのか。付けるとして、どの方向へ進むかもわからないシステム（管理者不在のシステム）に出資するスポンサーはいるのか。

暗号資産以外の用途がパブリックチェーンにあわないのであれば、プライベートチェーンということになる。確かにプライベートチェーンであれば、企業など何らかの組織の目的や利益に合致した振る舞いをさせられるから、システムが適切に運用されること自体が報酬になる。マイニング報酬が支払えない用途のシステムであっても、運用することはできるだろう。

しかし、プライベートチェーンは、透明性や書き換え不能性といったブロックチェーンの本質であると考えられている部分で疑義が生じる。結局、管理者を信頼できるかどうか、という問題が出てくるのである。

管理者を信頼しないとプライベートチェーンは成立しないが、管理者が信頼できるのであれば、わざわざシステムをブロックチェーンで組まなくてもよいケースが多いのは、これまでに述べてきた通りである。

終章

最初の理念が
骨抜きにされると、
普及が始まる

万能の技術なんてない。だが……

ブロックチェーンはいわゆるハイプを、少し越えたところに位置するだろうか。最初に急激に期待が高まり、みんなが注目し、でも意外と使いどころがないぞと気づく……。

いや、それにしては、未だブロックチェーン関連企業の株価は高いし、投資や起業に事欠かない。まだハイプの中にいると言えるのかもしれない。

私自身、ブロックチェーンは素晴らしい技術だと思う。この本を書いている時間はとても充実していて、楽しかった。一つ一つは簡素で枯れた技術だが、それを工芸品のように組み合わせて織り上げた、非中央集権を実装する書き換え不能技術。想像しただけでも楽しい。

でも、万能の技術なんてない。

今の状況は大きな既視感を持って捉えることができる。90年代のインターネットである。インターネットも熱狂をもって迎えられた。特定少数の選良だけでなく、誰もが情報を発信する側に回れる、至る所で議論が起きて、直接民主制すら実現するかもしれない。ちょうど学生だった私は、進歩的な先生たちがそう熱く語るのをリアルタイムで聞いた。

インターネットにも、すべての社会問題を解決するかのような期待がかけられた時期があった。やがてそれが、たとえば「ほとんどの人は議論などしたくないのだ」とか、「出てくる情報はゴミばかりだ」とか、多くの人々を失望させた時期へと移った。

それでも地道な研究開発が継続された結果、社会のインフラになった。もはや、インターネットは代替のきかないインフラであり、人類が作った最大のシステムの1つである。

新しいタイプの信用の創造

でも、それは最初の理念通りだっただろうか？　利用者の平等に寄与し、誰もが高邁《こうまい》な理想を語り、みんながそれに耳を傾け、議論が昇華され、社会問題が解決し、平和で豊かな社会が訪れただろうか？

多くは、正反対の結果を導くことになった。

格差は広がり、ネット空間はフィルターバブルによって分断され矮小《わいしょう》な情報の坩堝《るつぼ》となり、議論は昇華せず互いの承認欲求と存在意義をかけた叩き合いの場になり、大企業が富と情報を独占し新たな社会問題を生んだ。

ブロックチェーンも、おそらくそういう道をたどるだろう。

そうしないためにブロックチェーンがある？　相互監視ができて、改ざん不可能な記録を残せるから？　もちろん、ブロックチェーンの技術自体はそういう特徴を持っている。それは本書で繰り返し述べてきた通りだ。

誰も信用できない、でも世界中と繋がっていて誰でも参加できるという、きわめて危険な環境に置かれているという意味で、ブロックチェーンは正しく現代的なシステムである。その環境下で信用を生み出そうとし、それに成功している点が尊いのだ。

あらゆる用途に使うことはできない

今までの社会も、今までのシステムも信用を生み出すことはできた。でもその信用は権力者が生み出していたこと、その権力者を信用できるかという問題、そして信用を生み出すためには大きなコストがかかることが、社会に不便や不信感をもたらしていたのである。ブロックチェーンはこの状況を変える可能性を持っている。

ブロックチェーンに書かれたことは、参加者がみんなで検証し、真実になる。誰に導かれたわけでもない、中央に政府や大企業がいない環境、しかも相互に信頼していない人同士で構成されたネットワークで、信用が生み出せるのだ。これは画期的である。

でも、「ブロックチェーンが信用できること」と、「システム全体が信用できること」とは別問題だ。食品企業が完璧なロジスティクスを作ったとして、それを最終消費者に届けるための店舗（システムの外側にいる）が杜撰な衛生管理をしているかもしれない。すでに述べたように、いい加減な暗号資産の取引所とかかわって大損する人はあとを絶たない。

ブロックチェーンの用途に向き不向きがあることは、繰り返し強調してきた。すべてのシステムをブロックチェーンで作るわけにはいかないし、作るべきでもない。必ず何かのシステムと組み合わせて実装されることになるし、その組み合わせを間違えれば、ブロックチェーンの特徴である書き換え不能性ですら、システム全体としては怪しくなってくるのだ。その点だけは、よく理解しておくべきである。

ほとんどの人は面倒を嫌う

また、データの検証という行為は、全員がそんなに積極的にかかわりたいと願っているものなのだろうか？

インターネットの登場時、全員が論壇の舞台に立つことを予想した人すらいた。でも、たいていの人にとって、それは面倒な行為であり、居心地の悪い行為であった。その結果、「議論は選良がやってくれればいい。自分たちはそれに文句を言いつつ追従する」といった態度の人を大勢産み落とすことになった。

ブロックチェーン（パブリックブロックチェーン）の運用は、多くの人が参加することで成り立つ。いまは暗号資産しかフォーカスされないので、参加者には事欠かない。成功報酬が参加者を引きつけるからだ。しかし、ブロックチェーンの社会実装が進めば、マイニングのパワーをボランティアでまかなわなければならない局面が必ず立ち現れる。

そのときに、すべてのとは言わないまでも大多数の人が、自分のＰＣを供出してくれるだろうか？

おそらくそんな面倒なことはしたくないはずである。ほとんどの人にとって、データの検証可能性や透明性はどうでもいいのである。

ＧＡＦＡ（グーグル、アップル、フェイスブック、アマゾン）に自分のデータをいいように活用されていると思っても、それをＧＡＦＡが集中管理しているおかげで、自分からは積極的に何もせずとも、低廉で優秀なサービスが受けられる。そちらのほうが楽で気持ちがいいのだ。

中央集権は不可避かもしれない

では、ネックになるマイニングを排除すればいいだろうか。マイニングに依存しないシステムは魅力的だが、それは現時点では自ずとプライベートチェーンの形を取ることになる。

結局、支配者が存在することになる。

たとえば、よく取り上げられるように、難民にＩＤを発行するシステムとしてブロックチェーンを使うことは魅力的である。政府の管理の傘の外側にいるか、内側にいたとしても政府がまったく信用できない状況下において、その個人を認証するのにブロックチェーンを使おうというのは自然な発想だ。

ただ、この方法も銀の銃弾にはなり得ない。ブロックチェーンに認証情報を書き込むことは、個人情報の保護と背理する。これを解決するためにはアクセス権を詳細に管理する必要があるが、ブロックチェーンのデータに当該個人しかアクセスできないような制御構造を導入することは、すべてのデータをみんなが検証できるというブロックチェーンの最大の利点が、そのシステムに寄与しないということである。

また、こうした利潤を生まないシステムの場合は、その継続的な運用のためにスポンサーが必要である。実際、難民のシステムは国連が動かしている。国連が管理者となるのは、無法な政府がシステムを管理するよりはずっとましだろう。しかし、国連が主導するプライベートチェーンを作るのであれば、それは別の既存システムでも代替可能である。

そして権力者が呑み込む

ブロックチェーンのシステムを否定しているわけではない。特定の分野において、ブロックチェーンは素晴らしいソリューションである。社会を変える可能性すら秘めているだろう。しかし、「導入しさえすれば、すべての社会問題を解決してくれる」ような魔法ではない。少なくとも、既存システムとの比較考量の上で導入すべき一技術に過ぎないことは強調しておきたい。

ブロックチェーンのしくみでは、スマホにぶち込んだ身分証明の秘密鍵が、スマホとともに水没したときに、身分証明へのアクセスをすべて失ってしまうかもしれない。そして、それをバックアップしてくれる政府機関があるのであれば、やはり政府機関の監視の目を逃れられてはいないのだ。

インターネットがそうであったように、ブロックチェーンも一つのインフラとして育っていくだろう。しかし、そのプロセスにはまだ何回かの失望が予測され、また広がる範囲も限定的なものになるかもしれない。そして、ここが最重要だが、非中央集権の旗印であったはずの技術が、その発展の中でむしろ既存の権力者を強化する方向に働く可能性すらあるのだ。

我々は、インターネットで一度それを目にしたばかりである。

あとがき

「技術」には、おおむね「思想」がセットでついてくる。

「技術はロジックで組み上げられた冷静なしくみだから、感情や思想とは無縁のものだ」と考えていると、技術を読み間違えることがある。

たとえば、インターネットはTCP/IPを中核とする通信技術である。それ以上でも、それ以下でもないはずだ。でも、わたしたちの多くは「インターネット」というとき、みんな平等にアクセスできるメディアだったり、コピーレフトの考え方だったり、無償を是とする文化だったりと、技術とは本来関係のないもの、思想と不可分に結びついたものとして、頭の中で処理している。

インターネット技術に密接にかかわっているにもかかわらず、なかなかインターネット企業とは認めてもらえなかった（いまでも認めてもらえていないかもしれない）マイクロソフト社は、何がいけなかったのか。プロプライエタリ（独占的）にコードを秘匿し、大儲けをしている、その事実がインターネット的ではないのである。インターネットは、特定の価値観を指す言葉でもあるのだ。

ブロックチェーンも同様だ。

ブロックチェーンは、「特定の管理者がいない状況、もっと言えば参加者がすべて敵同士であるような油断のならない状況で、事前の取り決めに抵触するようなデータ処理を認めず、処理の透明性を確保し、かつデータの変更や改ざんが不可能であるようなデータ蓄積システム」だ。

変わったシステムである。それは地層のようなもので、上っ面の部分を自分の都合のいいように変更すれば、不整合が嫌でも目立ってしまう。かといって、堆積した地層の下から順を追って辻褄があうように変更しようとすれば、信じられないほどの労力が必要になる。本来はそれだけのしくみなのだ。

でも、純技術的なものを離れて、ブロックチェーンは「権力からの独立」や、「濡れ手に粟《あわ》の一攫千金」や「ＩＣＯ（新規の暗号資産発行による資金調達）」や「足のつかないマネーロンダリング」などとセットで語られてしまう。それは、わたしたちの意識にすり込まれ、長い間わたしたちを捉え続ける。

インターネットは、実際には格差を助長するアクティビティに寄与しているし、特定の人しかアクセスできない箇所も年々増大してきている。それでも、イメージとしての「平等なインターネット」、「無償のインターネット」、「匿名のインターネット」が強すぎて、インターネットそのもののの構造変化を見誤ることがあるように、おそらくはブロックチェーンもこれから見誤られ続けることになるのだろう。

ブロックチェーンは、管理者がいなくても動くしくみだが、運用の方法によっては管理者を立てることもできる。そして、管理者が存在するのであれば、書き換えられないはずのデータを書き換えることも可能になる。ブロックチェーンを用いた暗号資産が乱立してしまえば、ICOで莫大な資金を調達することもできなくなる。国家権力が分け入ることが難しいように考えられていても、実際には米財務省外国資産管理局が特定のビットコインアドレスをブラックリストに入れはじめている。

ブロックチェーンが社会に浸透するにつれて、このように「初期の理想」とは違う方向へ技術が書き換えられ、運用の方法に変更が加えられていくだろう。技術を理解し、使いこなそうとするとき、最初の印象を引きずり続けないこと、変化に柔軟に対応していくことはとても重要である。本書は、思想に左右されない技術の核心部分を捉えられるように構成した。読者の学びの一助になれば幸いである。

なお、次のステップへ進もうとする方には（進む方向性にもよるが）、左に記すような書籍をお薦めする。

アンドレアス・M・アントノプロス（今井崇也、鳩貝淳一郎訳）『ビットコインとブロックチェーン　暗号通貨を支える技術』NTT出版、2016年
田篭照博『堅牢なスマートコントラクト開発のためのブロックチェーン［技術］入門』技術評論社、2017年
Daniel Drescher（株式会社クイープ訳）『徹底理解ブロックチェーン　ゼロから着実にわかる次世代技術の原則』インプレス、2018年
赤羽喜治、愛敬真生『ブロックチェーン　仕組みと理論　サンプルで学ぶFinTechのコア技術』リックテレコム、2016年
中村誠吾、中越恭平（牧野友紀、宮﨑英樹監修）『ブロックチェーン　システム設計』リックテレコム、2018年

末筆になるが、講談社の井上威朗氏に感謝申し上げる。拙い原稿を、書籍の形に整えていただいた。氏の仕事なしには、この本は完成しなかった。そして、最後までお付き合いいただいた読者諸兄に深甚な感謝を申し上げ、筆を置きたい。

2018年12月　岡嶋裕史

さくいん

〈数字〉

〈アルファベット〉

〈あ行〉

〈か行〉

〈さ行〉

〈た行〉

N.D.C.547.48　247p　18cm

ブルーバックス　B-2083

ブロックチェーン

相互不信が実現する新しいセキュリティ

2019年1月20日　第1刷発行
2023年6月19日　第8刷発行

著者　岡嶋《おかじま》裕《ゆう》史《し》
発行者　鈴木章一
発行所　株式会社講談社
〒112-8001 東京都文京区音羽2-12-21
電話　出版　03-5395-3524
販売　03-5395-4415
業務　03-5395-3615
印刷所　(本文印刷) 株式会社ＫＰＳプロダクツ
(カバー表紙印刷) 信毎書籍印刷株式会社
製本所　株式会社国宝社

定価はカバーに表示してあります。

©岡嶋裕史　2019, Printed in Japan
落丁本・乱丁本は購入書店名を明記のうえ、小社業務宛にお送りください。送料小社負担にてお取替えします。なお、この本についてのお問い合わせは、ブルーバックス宛にお願いいたします。

本書のコピー、スキャン、デジタル化等の無断複製は著作権法上での例外を除き禁じられています。本書を代行業者等の第三者に依頼してスキャンやデジタル化することはたとえ個人や家庭内の利用でも著作権法違反です。

Ⓡ〈日本複製権センター委託出版物〉複写を希望される場合は、日本複製権センター（電話03-6809-1281）にご連絡ください。


ISBN978-4-06-514435-0

発刊のことば

科学をあなたのポケットに

二十世紀最大の特色は、それが科学時代であるということです。科学は日に日に進歩を続け、止まるところを知りません。ひと昔前の夢物語もどんどん現実化しており、今やわれわれの生活のすべてが、科学によってゆり動かされているといっても過言ではないでしょう。

そのような背景を考えれば、学者や学生はもちろん、産業人も、セールスマンも、ジャーナリストも、家庭の主婦も、みんなが科学を知らなければ、時代の流れに逆らうことになるでしょう。

ブルーバックス発刊の意義と必然性はそこにあります。このシリーズは、読む人に科学的に物を考える習慣と、科学的に物を見る目を養っていただくことを最大の目標にしています。そのためには、単に原理や法則の解説に終始するのではなくて、政治や経済など、社会科学や人文科学にも関連させて、広い視野から問題を追究していきます。科学はむずかしいという先入観を改める表現と構成、それも類書にないブルーバックスの特色であると信じます。

一九六三年九月

野間省一

ブルーバックス　コンピュータ関係書

1084 図解　わかる電子回路　加藤　肇／見城尚志／高橋　久
1430 Excelで遊ぶ手作り数学シミュレーション　田沼晴彦
1656 今さら聞けない科学の常識2　朝日新聞科学グループ＝編
1753 理系のためのクラウド知的生産術　堀　正岳
1769 入門者のExcel VBA　立山秀利
1783 知識ゼロからのExcelビジネスデータ分析入門　住中光夫
1791 卒論執筆のためのWord活用術　田中幸夫
1802 実例で学ぶExcel VBA　立山秀利
1825 メールはなぜ届くのか　草野真一
1837 理系のためのExcelグラフ入門　金丸隆志
1850 入門者のJavaScript　立山秀利
1881 プログラミング20言語習得法　小林健一郎
1926 SNSって面白いの？　草野真一
1950 実例で学ぶRaspberry Pi電子工作　金丸隆志
1962 脱入門者のExcel VBA　立山秀利
1977 カラー図解　最新Raspberry Piで学ぶ電子工作　金丸隆志
1989 入門者のLinux　奈佐原顕郎
1999 カラー図解　Excel「超」効率化マニュアル　立山秀利
2001 人工知能はいかにして強くなるのか？　小野田博一
2012 カラー図解　Javaで始めるプログラミング　高橋麻奈
2045 サイバー攻撃　中島明日香
2049 統計ソフト「R」超入門　逸見　功
2052 カラー図解　Raspberry Piではじめる機械学習　金丸隆志
2072 入門者のPython　立山秀利
2083 ブロックチェーン　岡嶋裕史
2086 Web学習アプリ対応　C語入門　板谷雄二

ブルーバックス　趣味・実用関係書(I)

35 計画の科学　加藤昭吉
733 紙ヒコーキで知る飛行の原理　小林昭夫
1063 自分がわかる心理テストPART2　芦原　睦=監修
1073 へんな虫はすごい虫　安富和男
1083 格闘技「奥義」の科学　吉福康郎
1084 図解　わかる電子回路　加藤　肇/見城尚志/高橋　久
1112 頭を鍛えるディベート入門　松本　茂
1234 子どもにウケる科学手品77　後藤道夫
1245 「分かりやすい表現」の技術　藤沢晃治
1273 もっと子どもにウケる科学手品77　後藤道夫
1284 理系志望のための高校生活ガイド　鍵本　聡
1346 図解　ヘリコプター　鈴木英夫
1352 確率・統計であばくギャンブルのからくり　谷岡一郎
1353 算数パズル「出しっこ問題」傑作選　仲田紀夫
1364 理系のための英語論文執筆ガイド　原田豊太郎
1366 数学版　これを英語で言えますか?　E・ネルソン=監修　保江邦夫
1368 論理パズル「出しっこ問題」傑作選　小野田博一
1387 「分かりやすい説明」の技術　藤沢晃治
1396 制御工学の考え方　木村英紀
1413 『ネイチャー』を英語で読みこなす　竹内　薫
1420 理系のための英語便利帳　倉島保美/榎本智子　黒木　博=絵

1430 Excelで遊ぶ手作り数学シミュレーション　田沼晴彦
1443 「分かりやすい文章」の技術　藤沢晃治
1448 間違いだらけの英語科学論文　原田豊太郎
1478 「分かりやすい話し方」の技術　吉田たかよし
1488 大人もハマる週末面白実験　左巻健男/滝川洋二　こうのにしき=編著
1493 計算力を強くする　鍵本　聡
1516 競走馬の科学　JRA競走馬総合研究所=編
1520 図解　鉄道の科学　宮本昌幸
1552 「計画力」を強くする　加藤昭吉
1553 図解　つくる電子回路　加藤ただし
1573 手作りラジオ工作入門　西田和明
1584 理系のための口頭発表術　ロバート・R・H・アンホルト　鈴木　炎/I・S・リー=訳
1596 理系のための人生設計ガイド　坪田一男
1603 今さら聞けない科学の常識　朝日新聞科学グループ=編
1623 「分かりやすい教え方」の技術　藤沢晃治
1630 伝承農法を活かす家庭菜園の科学　木嶋利男
1653 理系のための英語「キー構文」46　原田豊太郎
1656 今さら聞けない科学の常識2　朝日新聞科学グループ=編
1660 図解　電車のメカニズム　宮本昌幸=編著
1666 理系のための「即効!」卒業論文術　中田　亨
1671 理系のための研究生活ガイド　第2版　坪田一男

ブルーバックス　趣味・実用関係書(II)

ブルーバックス　趣味・実用関係書（III）

ブルーバックス　技術・工学関係書(I)

495 人間工学からの発想　小原二郎
911 電気とはなにか　室岡義広
1084 図解　わかる電子回路　加藤　肇／見城尚志／高橋　久
1128 原子爆弾　山田克哉
1236 図解　飛行機のメカニズム　柳生　一
1346 図解　ヘリコプター　鈴木英夫
1396 制御工学の考え方　木村英紀
1452 流れのふしぎ　石綿良三／根本光正＝著　日本機械学会＝編
1469 量子コンピュータ　竹内繁樹
1483 新しい物性物理　伊達宗行
1520 図解　鉄道の科学　宮本昌幸
1545 高校数学でわかる半導体の原理　竹内　淳
1553 図解　つくる電子回路　加藤ただし
1573 手作りラジオ工作入門　西田和明
1643 金属材料の最前線　東北大学金属材料研究所＝編著
1656 今さら聞けない科学の常識2　朝日新聞科学グループ＝編
1660 図解　電車のメカニズム　宮本昌幸＝編著
1676 図解　橋の科学　土木学会関西支部＝編　田中輝彦／渡邊英一他
1696 ジェット・エンジンの仕組み　吉中　司
1717 図解　地下鉄の科学　川辺謙一
1768 ロボットはなぜ生き物に似てしまうのか　鈴森康一

1797 古代日本の超技術　改訂新版　志村史夫
1817 東京鉄道遺産　小野田　滋
1840 図解　首都高速の科学　川辺謙一
1845 古代世界の超技術　志村史夫
1854 カラー図解　ＥＵＲＯ版　バイオテクノロジーの教科書（上）　ラインハート・レンネバーグ　小林達彦＝監修　田中暉夫／奥原正國＝訳
1855 カラー図解　ＥＵＲＯ版　バイオテクノロジーの教科書（下）　ラインハート・レンネバーグ　小林達彦＝監修　田中暉夫／奥原正國＝訳
1863 新幹線50年の技術史　曽根　悟
1866 暗号が通貨《カネ》になる「ビットコイン」のからくり　吉本佳生　西田宗千佳
1871 アンテナの仕組み　小暮裕明　小暮芳江
1873 アクチュエータ工学入門　鈴森康一
1879 火薬のはなし　松永猛裕
1886 関西鉄道遺産　小野田　滋
1887 小惑星探査機「はやぶさ2」の大挑戦　山根一眞
1909 飛行機事故はなぜなくならないのか　青木謙知
1916 新しい航空管制の科学　園山耕司
1918 世界を動かす技術思考　木村英紀＝編著
1938 門田先生の3Dプリンタ入門　門田和雄
1940 すごいぞ！　身のまわりの表面科学　日本表面科学会
1948 すごい家電　西田宗千佳

ブルーバックス　技術・工学関係書（II）

1959 図解　燃料電池自動車のメカニズム　川辺謙一
1963 交流のしくみ　森本雅之
1968 脳・心・人工知能　甘利俊一
1970 高校数学でわかる光とレンズ　竹内　淳
1977 カラー図解　最新Raspberry Piで学ぶ電子工作　金丸隆志
2001 人工知能はいかにして強くなるのか？　小野田博一
2017 人はどのように鉄を作ってきたか　永田和宏
2035 現代暗号入門　神永正博
2038 城の科学　萩原さちこ
2041 時計の科学　織田一朗
2052 カラー図解　Raspberry Piではじめる機械学習　金丸隆志
2056 新しい1キログラムの測り方　臼田　孝
2093 今日から使えるフーリエ変換　普及版　三谷政昭